Andreas Gruschke · Der Hochrhein - eine alemannische Flußlandschaft

*Waidlinge am Schaffhauser Rheinufer*

Andreas Gruschke

# Der Hochrhein

## eine alemannische Flußlandschaft

Schillinger Verlag · Freiburg im Breisgau

*Titelbild*
*Der Koblenzer »Laufen« bei Ettikon – Stromschnellen des Rheins oberhalb der Wutach-Mündung südlich von Tiengen.*

*Umschlagrückseite*
*Fensterstudien im Hochrheingebiet (von oben links nach rechts unten): Fenster in Schaffhausen, Tengen, Gottmadingen, Engen, Tengen, Tiengen, Stein am Rhein, Engen (Tür) und Ellikon.*


1. Auflage 1995 · ISBN 3-89155-183-5
Herstellung: Schillinger Verlag Freiburg

# Inhalt

# Am Rhein, am Rhein ... !

*»Was ist es, das diese magische Wirkung auf die Gemüter ausübt? Ist es der Duft der Rebenblüte, der sich im Becher verjüngt, oder der edle Geist des Weins, der von dem Zauberwort erlöst in uns überströmt? Oder weht uns der frische Hauch des Rheintals an, die gesunde Alpenluft, die der Strom von den Gletschern seiner Heimat bei sich führt? Ist es der königliche, tiefgehende Fluß selbst, der seine klaren, grünen Wogen mit ... Ruhe von der Schweiz bis Holland wälzt? Sind es seine gepriesenen, vielbesungenen Ufer, das jährliche Ziel einer neuen Völkerwanderung? Sind es die sanft geschwungenen Rebenhügel, denen der geistreiche Most entströmt, oder die starren Felsen, von denen Schlösser und Burgen als Zeugen einer großen Vergangenheit niederblicken? ... Sind es die geschichtlichen Erinnerungen oder die alten vertrauten Sagen? Ist es die schöne Gegenwart oder die lachende Zukunft, was uns vor die Seele tritt, wenn der Name Rhein uns ergreift? Dies alles erschöpft den Zauber des Wortes nicht, und wenn sich noch tausend andere Vorstellungen unbewußt mit jenen verbänden, so würde doch die Magie des Namens unenträtselt bleiben.«[1]*

*Was Karl Simrock vor nunmehr fast eineinhalb Jahrhunderten so schwärmerisch vom Rhein geschrieben hat, das gilt allemal auch für jenen Teil unserer alemannischen Heimat, den der große Strom zwischen Bodensee und Basel durchfließt. Zwar denkt die Mehrzahl der Reiselustigen an das durch die deutschen Dichter romantisch verklärte Tal des Mittelrheins zwischen Mainz und Koblenz, wenn sie den Namen Rhein im Zusammenhang mit Rebenhügeln, Weingenuß und auf steilen Felsen thronenden Burgen hören. Diese landschaftlich reizvollen Aspekte sind dem Rhein in Alemannien jedoch keineswegs fremd, vielmehr sind sie eingebettet in eine noch abwechslungsreichere Umgebung. Zwar sind die beiderseits des Oberrheins angebauten Weine – aus dem deutschen Baden und dem französischen Elsaß – bekannter als jene des Hochrheines. Kenner jedoch wissen jene edlen Tropfen zu schätzen, die zu Füßen der Stein'schen Burg Hohenklingen am Ausfluß des Rheins aus dem Bodensee gedeihen, wie auch die angenehm herben Weine aus dem Schaffhausischen, dem Zürcher Land um den Rheinbogen zwischen Rüdlingen und Eglisau sowie der Gegend um die Aaremündung.*

*Daß die Schlösser und Burgen zu beiden Seiten des Hochrheins letztlich weniger besungen wurden als jene flußauf- und -abwärts der Loreley, mag daran liegen, daß sie oft versteckt in wildromantischen Seitentälern oder gar inmitten dichter Wälder liegen, wo sie dem Durchreisenden verborgen blieben. Anders als am Mittelrhein war auf den Wassern des Hochrheins wegen ihres wilden Charakters nur wenig Passagierverkehr auf Booten möglich gewesen: oft genug sind mehr Menschen als jener eine Fischer zu Füßen der Loreley in die Tiefe gerissen worden. Als Grenzland zwischen der Eidgenossenschaft und unterschiedlichen größeren (Habsburg, später Großherzogtum Baden u.a.) und kleineren Herrschaften nordwärts des Flusses war der Hochrhein überdies lange Zeit bei weitem nicht so stark besucht und bereist wie dreihundert Kilometer stromabwärts. Dies bewahrte ihm jahrhundertelang seine Ursprünglichkeit und rettete ein wenig von seinem wilden Charakter in die Neuzeit herüber. Heute jedoch, wo die Bedeutung von Staatsgrenzen in Europa immer mehr schwindet, die grenzüberschreitende Kooperation wächst und gutnachbarschaftliche Beziehungen zur Selbstverständlichkeit geworden sind, ist das Hochrheintal zwischen Bodensee und schweizer-deutsch-französischem Dreiländereck zu einer alemannischen Kernlandschaft geworden, in die wir nun zu einer kleinen Entdeckungsreise aufbrechen wollen.*

*Gailingen (am Hochrhein), im September 1995*

*Rhein zwischen Diessenhofen und Gailingen.*

# Der Rhein – der Hochrhein

Viel ist schon über den Namen des Rheins spekuliert worden. Manche wollten ihn auf das gleichlautende deutsche Wort »rein« zurückführen, quasi im Sinne von »das reine Wasser«, obgleich der Strom doch schon so genannt wurde, bevor deutschsprachige Völkerschaften an seinen Ufern siedelten. Ebenso unglücklich war der Versuch, ihn mit einem griechischen Wort, welches »fließen« bedeutet, in Verbindung zu bringen. In seiner ältesten Form geht der Name des »Vaters Rhein« auf die keltische Bezeichnung »Hren« zurück, deren Bedeutung nicht eindeutig geklärt ist. Nachdem vor rund zwei Jahrtausenden germanische Völkerschaften Einzug ins Stromgebiet des Rheins hielten, wurden die alten Kelten wohl verdrängt, der Flußname jedoch in einer verballhornten Weise übernommen: aus Hren wurde deutsch Rhein bzw. niederalemannisch Rhy und französisch Rhin – und diesen Namen behält der Strom bis hinab in sein Delta, wo die Holländer seinen diversen Flußarmen dann verschiedene Namen gegeben haben.

Behält der Strom auch auf fast der ganzen Laufstrecke ein und denselben Namen, so ist er mit Blick auf den ihn einrahmenden Naturraum doch in Teilabschnitte gegliedert und entsprechend benannt worden. Seine Quellflüsse Vorder- und Hinterrhein vereinigen sich im Bündner Dorf Reichenau zum Alpenrhein. Diese Bezeichnung behält der Fluß bis zu seiner Mündung in den Bodensee, und das nur sechs Kilometer kurze Stück, das Obersee und Untersee miteinander verbindet – von Konstanz bis Gottlieben – wird Seerhein genannt. Ab dem Ende des Untersees jedoch bis hinab ans Basler Rheinknie nennt man ihn den Hochrhein, von Basel bis Bingen Oberrhein. In früherer Zeit wurde der gesamte Stromabschnitt zwischen Bodensee und Bingen als Oberrhein bezeichnet: noch bis zur Mitte des 20. Jahrhunderts hieß das heute in der Doppelstadt Waldshut-Tiengen aufgegangene, nicht einmal direkt am Rhein gelegene Tiengen offiziell »Tiengen am Oberrhein«! Der Begriff Hochrhein war erst 1916 durch den Geographen Robert Lauterborn in die wissenschaftliche Literatur eingeführt worden, weil er damit die landschaftliche, biologische und hydrographische Sonderstellung dieses Stromabschnittes betonen wollte [2]. Beim Durchbruch durchs Rheinische Schiefergebirge wird der Ober- zum Mittelrhein, ab Bonn schließlich zum Niederrhein, um in Holland im Delta je nach Flußarm einen anderen Namen zu bekommen: Waal, Merwede, Nieuwe Merwede, Lek, Ijssel und Alter Rhein.

Wenden wir uns aber unserem eigentlichen Thema zu: dem Hochrhein, der mit seinen rund 150 Kilometern zwar nur wenig mehr als ein Zehntel der gesamten Lauflänge des Rheins ausmacht, jedoch der Teil ist, der dem Strom das meiste Wasser »spendet« bzw. sammelt: nahezu die Hälfte des Gesamtabflusses des Rheins stammt aus dem Gebiet der Schweiz. Nach der Einmündung der Aare in den Strom verdoppelt sich die Wassermenge im Ver-

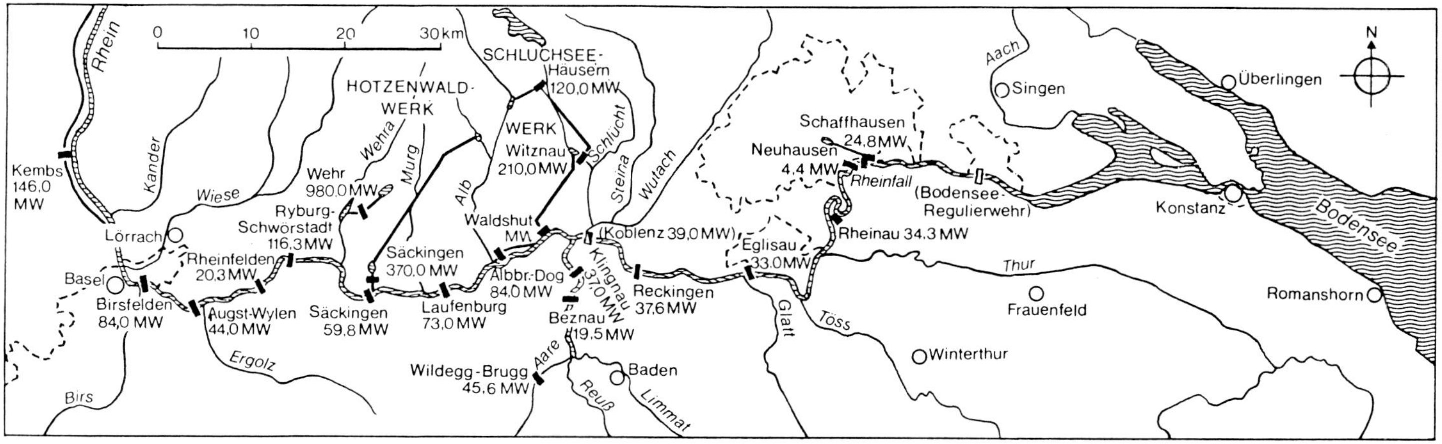


gleich zur ersten Laufstrecke des Hochrheins [3], und wenn der Hochrhein in Basel zum Oberrhein wird, fließt mit durchschnittlich 1060 Kubikmetern Wasser pro Sekunde bereits mehr als die Hälfte des Wassers den Rhein hinab als bei Rees kurz vor der »Einreise« nach Holland.

In gefällreichem Lauf (über ein Promille Gefälle) mit mehreren Stromschnellen-Abschnitten, den sogenannten »Laufen«, fließt der Hochrhein auf 140 Kilometern vom Bodensee bis zum Basler Rheinknie und überwindet dabei 150 Meter Höhenunterschied: im wiederholten Wechsel von engen, epigenetischen Gefällsstrecken (24 Meter hoher Rheinfall, Albdurchbruch unterhalb Eglisau, Grundgebirgsdurchbruch bei Laufenburg) und Weitungen mit eiszeitlichen Niederterrassenplatten (Rafzer Feld). Sein schmales Tal nimmt stellenweise schluchtartigen Charakter an, meist ist es aber begleitet von gut entwickelten alten Flußterrassen. Daher sind Fluß und Tal je nach Landschaft unterschiedlich breit, von nur rund 60 Metern in den engsten Talabschnitten zwischen den Gäuplatten und Ausläufern des Schwarzwaldes im Norden und den Molassezügen des Schweizer Mittellandes sowie dem Aargauer Tafeljura im Süden begrenzt, aber bis zu 130 Metern oberhalb der Aaremündung und danach auf 200 Meter anwachsend. Viele Windungen zeichnen den Hochrhein aus, der auf seiner abwechslungsreichen, oft noch von schönen, natürlichen Auewäldern begleiteten Strecke zum Wandern, Fahrrad- und Bootfahren ebenso einlädt, wie er per Eisenbahn und Ausflugsschiff – zumindest in der Gegend um Schaffhausen bis zum Bodensee – verkehrstechnisch gut erschlossen ist. Begeben wir uns also auf eine der interessantesten möglichen Erkundungstouren am Rhein: dem Hochrhein entlang!

# Landschaften am Hochrhein

Nachdem der alpine Rhein mit dem Bodensee auch die städtische Kultur (Bregenz, Lindau, Friedrichshafen, Romanshorn, Konstanz) des Dreiländerecks Schweiz, Österreich, Deutschland erreicht hat, umspült er die fruchtbaren Gestade am Seeufer, das zu den landwirtschaftlich intensivst genutzten Regionen Mitteleuropas gehört. Hernach fließt sein Wasser im Untersee zwischen der »Gemüse-Insel« Reichenau und dem schweizerischen Südufer hindurch, das im Thurgauer *Seerücken* hinter Salenstein auf über 700 Meter Höhe ansteigt. Ihm gegenüber, auf der deutschen Seite des Untersees, gelangt der auf der Halbinsel *Höri* gelegene *Schiener Berg* auf ähnliche Höhen (691 m bei der ehemaligen Schrotzburg). Von ihren Höhen ist es uns vergönnt zu betrachten, wie sich der Untersee ab Gaienhofen (auf der deutschen Seite) und Steckborn (Schweiz) immer mehr verengt, um nach den Inseln Werd bei Stein am Rhein endgültig wieder zum Rhein zu werden: zum Hochrhein. Die den Fluß begleitenden bewaldeten Höhenzüge sind aus den Endmoränenwällen der jüngsten Eiszeit hervorgegangen, die hier dem Flußlauf bis Schaffhausen ihre Richtung gaben. Oberhalb Gailingens und in Schaffhausen selbst trifft der Hochrhein durch die Flüßchen Biber und Durach/Fulach mit den Wässern des östlichen *Reiat* zusammen, wie der östliche, stärker landwirtschaftlich genutzte Raum des schaffhausischen *Randen* heißt.

Gegenüber dem *Hegau* liegen auf der südlichen Rheinseite die niedrigen, moränenbedeckten Höhenzüge des *Thurgaus,* dessen für die Schweiz relativ tiefgelegene Gebiete neben Ackerbau dem Obstbau und der Graswirtschaft günstige Verhältnisse bieten. Dagegen reicht der rechtsrheinische Randen auf seinen höchsten Gipfeln auf 900 Meter, so daß wir vom Hagenturm (912 m) und anderen Aussichtstürmen im Westen des Kantons Schaffhausen weithin über Waldlandschaften blicken. Hier nun wendet sich der Hochrhein nach Süden, verläßt nach seinen zahlreichen und landschaftlich überaus reizvollen Flußschleifen das Gebiet der würmeiszeitlichen Vergletscherung und durchbricht bei Eglisau den Südzipfel der *Alb.* Seit dem Austritt aus dem Bodensee ist der junge Hochrhein dreimal deutsch-schweizerischer Grenzfluß gewesen und hat viermal rein schweizerisches Gebiet durchflossen. Wenn er nun zwischen Eglisau und Hohentengen wiederum zum Grenzfluß wird, berührt er die rechtsrheinisch gelegene Gäuplatte des *Klettgaus,* während sich auf dem linken Ufer der Kanton *Aargau* erstreckt. Dessen zunächst vom Triastafelland von Muschelkalk, Keuper und Lias, danach vom Tafel-*Jura* gestaltete, von bäuerlich geprägten Tälern durchzogene Höhenzüge bleiben auf der schweizerischen Seite landschaftlich bestimmend, während auf der deutschen Seite im südschwarzwälder *Hotzenwald* der vom Buntsandstein durchsetzte Muschelkalk allmählich ins Grundgebirge (Gneis) des *Schwarzwald*es übergeht. Nach dem *Dinkelberg* schließlich öffnet sich das Tal des

Hochrheins zum Basler Land und dem Dreiländereck, dem Herzen der heutzutage *Regio* genannten schweizerisch-deutsch-französischen alemannischen Kernlandschaft um Basel, Elsaß und Südbaden.

*Idyllisches Hochrheinufer bei Paradis.*

# Naturgeschichte

Der Rhein besteht aus Bruchstücken älterer verschiedener Stromsysteme, als deren wichtiges Kernstück der Hochrhein betrachtet werden darf, da dessen Talverlauf von erstaunlicher Konsistenz war und ist. Um dies näher zu beleuchten, müssen wir zunächst einen Blick auf die Zeit vor Entstehung des heutigen Rheinsystems werfen.

Zur Zeit der ersten Alpenhebung (vor 60-70 Jahrmillionen) wurde das Gebiet durch einen Strom ins Schwarze Meer entwässert, der zwischen den sich hebenden Alpen und dem Tafelland am Jurasüdrand entlangfloß: ein Flußsystem, das man – mit heute gebräuchlichen Namen – als eine Art »Donau mit der Aare als Quellfluß« bezeichnen könnte. Diese sogenannte »Ur-Donau« nahm ihren Ursprung an einem Gletscher im Gebiet des heutigen Feldbergs. Im Jung-Tertiär (vor 2-25 Millionen Jahren) kam es in den bereits herausgebildeten Alpen erneut zu Faltungen, die sich auf das Gebirgsvorland auswirkten. Gegen Ende des Miozäns (vor über fünf Millionen Jahren) entstanden die Ketten des Schweizer Faltenjuras, und der Rheinische Schild wurde gehoben. Damit verbunden kam es zu Bruch- und Grabenbildungen – wie dem Oberrheingraben, der in den vergangenen zwei Millionen Jahren um etwa hundert Meter abgesunken ist. Durch das Hochkippen des Schwarzwaldes wurde die Aare – zu Beginn ein Quellfluß der »Ur-Donau« – nach Westen zum Fluß Doubs/Sundgau hin abgelenkt. Damit gestaltete die Aare eine erste Hochrheinstrecke aus: etwa zwischen Koblenz (bei Waldshut) und Basel. Das Aare-Doubs-System entwässerte zum Rhônegraben und damit ins Mittelmeer.

Für den östlichen Teil des Landschaftsraumes um den Hochrhein war die Eiszeit am prägendsten, in der die Rheingletscher, die von den Zentralalpen bis über den heutigen Gebirgsrand hinaus reichten, das Bodenseebecken ausgeschürft haben. Beim Austritt aus den engen Gebirgstälern breiteten sich diese Eisströme fächerartig aus. In der vorletzten Eiszeit, der Rißeiszeit, stießen die Gletscher am weitesten vor, wobei sie u. a. die weichen Tuffschichten im Hegau abgetragen haben. Nur die in den ehemaligen Vulkanschloten steckengebliebenen Magmapfropfen konnten aufgrund ihrer Härte den Eismassen des Rheingletschers standhalten, den sie in der Rißeiszeit (vor rund 200 000 Jahren) sogar in einzelne Gletscherzungen aufzuspalten vermochten. Die Eisrandlagen der Riß- und der späteren Würmeiszeit begrenzen den Streifen der Altmoränenlandschaften, in dem die von Gletschern und Schmelzwasserströmen geschaffenen Landschaftsformen um den oberen Hochrhein und seine linksrheinischen Nebenflüsse schon stärker verändert und die glaziären Ablagerungen tiefgründiger verwittert sind – wie die zerschnittenen Molassehöhen des schweizerischen Mittellandes.

Auch von der Aaremündung her schob sich in der Eiszeit vorübergehend ein großer Gletscher im Rheintal abwärts bis zur Wehra vor und hat längs des Stromes bis auf rund fünfhundert Meter Meereshöhe Sand, Geröll und gelegentlich Moränenmaterial hinterlassen, das auf dem harten, schwach verwitternden Gneis- und Granituntergrund des südlichen Schwarzwaldes (Hotzenwald) für die Landwirtschaft von Bedeutung ist. Dieser Gletscher verstopfte die unteren Ausgänge der von Norden kommenden Flüsse und zwang diese schon weit oben infolge des Staus auszutreten und über die Hochfläche abzulaufen. Seit der alpine Gletscher verschwunden ist, hat sich der Streifen zwischen Schwarzwald und Jura, das Hochrheintal eben, schärfer eingemuldet, so daß der Strom vom Schwarzwald her auf dessen unterem Hang tiefer gegen den Jura hin »abrutschte«. Ihm mußten seine Zuflüsse folgen und sich deshalb immer schärfer in das Grundgebirge einsägen. Mit Rücksicht auf die allgemeine Gesteinsverteilung sammeln sich die verschiedenen Bäche in den Höhenlagen in weitläufigen Quellgebieten am Südrand des Feldbergmassivs – wie Menzenschwander Alb, die Wutach-Zuflüsse Schwarza, Mettma und Schlücht, des weiteren Murg, Wehra und Wiese – um dann in ihrem Unterlauf in engen Schluchten durchs Gebirge zum Hochrhein durchzubrechen. Inzwischen (vor zwei Millionen Jahren) hatten tektonische Bewegungen im südlichen Teil des Grabenbruchs zwischen Vogesen und Schwarzwald (dem heutigen Oberrheintal) dazu geführt, daß die »Ur-Aare« des über den Sundgau und die Rhônefurche ins Mittelmeer entwässernden Systems sich an das neue, im Norden herausgebildete Stromnetz des »Ur-Rheines« im Oberrheingraben anschloß und fortan in die Nordsee floß. Diesen Prozessen hat das Basler Rheinknie seine Entstehung zu verdanken, und in der Folge – nach dem Rückzug der Gletscher – gestaltete sich das gesamte Gewässernetz des jetzt mit Recht als Hochrhein bezeichneten Gebietes um. Somit erklärt sich auch, weshalb die Aare gegenwärtig nicht nur als wichtigster Zufluß des Hochrheins gilt, sondern sie dessen Bedeutung in Wassermenge und Einzugsgebiet am Zusammenfluß beim schweizerischen Koblenz sogar übertrifft.

Der Anschluß dessen, was wir im Quellgebiet heute als das eigentliche Rheinsystem betrachten, nämlich des aus Graubünden über den Bodensee kommenden Alpenrheins, fand im Altpleistozän (Kaltzeit, vor ca. zwei Millionen Jahren) statt. Damit hatte die »Ur-Donau« im Laufe der jüngeren Erdgeschichte, also in 60-70 Jahrmillionen (seit der ersten Alpenhebung), nacheinander ihre wichtigsten Zuflüsse im Quellgebiet – die Aare und den eiszeitlichen Alpenrhein – verloren. Doch damit nicht genug: Vor allem in der engeren Umgebung des Bodensees haben viele Flüsse nach dem Schwinden des Eises ihre Fließrichtung um 180 Grad gedreht und fließen seither in das Zungenbecken des Sees hinein bzw. sind ebenfalls auf den Hochrhein hin orientiert.

Die von eiszeitlichen Gletschern überformte Landschaft des Alpenvorlandes ist am typischsten im Einflußbereich des ehemaligen Rheingletschers ausgebildet. Hier treten die Oberflächenformen des Jungmoränengebietes am markantesten hervor: die bis über 800 m ü.M. reichenden, durch Schmelzwasserrinnen und ehemalige Gletschertore getrennten Wälle und Hügel der Endmoränen, dahinter die kuppigen Formen der Grundmoränen mit vielen abflußlosen Senken, die – soweit sie nicht vermoort oder verlandet sind – von Seen eingenommen werden. Auf dem Bodanrück schließlich finden sich ausgedehnte Schwärme von Drumlins – länglichen, walrückenartigen Hügeln, die aus Schotter- und Grundmoränenmaterial bestehen.

Das Wechselspiel aus den gewaltige Mengen Schotter transportierenden eiszeitlichen Schmelzwässern, glazialer Überformung und erneuter Erosion hat zuletzt noch den östlichen Teil des Hochrheinsystem verändert. Das Eis der Rißeiszeit war anfangs nur bis auf die Höhe Schaffhausens gelangt; von dort war das Schmelzwasser der Gletscher durch eine Bresche im Jura ins schon vorhandene Klettgau-Tal geflossen. Später kam es zu einer Verlagerung des Rheins südwärts etwa bis zur Mündung der heutigen Thur und damit zur Erosion einer tiefen Rinne, die jedoch am Ende dieser Kaltzeit, als die Transportkraft der immer geringer werdenden Schmelzwassermenge nachließ, wieder ganz aufgeschottert wurde. Im Höhepunkt der etwas später einsetzenden Rißvereisung ging das Eis der Gletscher über das Hochrheintal nach

Norden hinweg und überformte das früher entstandene Relief wieder. Mit Ende der Rißeiszeit schmolz das Eis wieder ab, und auf die warmzeitliche Ausräumung folgte die Würmeiszeit, deren Gletscher gerade noch bis Neuhausen kamen. Die Schmelzwässer dieser Kaltzeit hinterließen die Niederterrassen und schotterten die neu gebildeten Flußrinnen wieder auf.

Am Ende der Würmeiszeit kam es zum endgültigen Gletscherrückzug, die Schmelzwässer (des »Proto-Alpenrheins«) fanden den Weg nicht mehr ins alte Strombett. Nachdem der Fluß lange Zeit auf den Schotteraufschüttungen verwildernd umhergeirrt war, schnitt er schließlich wieder durch die Niederterrassenschotter durch. Dabei verfehlte er häufig seine alte Stromrinne und war daher gezwungen, sich ein neues (epigenetisches) Bett in den felsigen Untergrund zu graben. Bei Schaffhausen traf der Rhein auf die Jurakalkplatte, über die er heute nach Westen abfließt. Nur wenige Kilometer weiter westlich erreichte er den Ostrand seiner in der Kaltzeit mit Schottern erfüllten ehemaligen Stromrinne, die er dann jedoch leicht und damit schnell ausräumen konnte. So kam es zu einer zügigen »Neuschaffung« des Hochrheintals zwischen Neuhausen und Basel. An der Malmtafel (Weißer Jura) der Schaffhauser Jurakalkplatte jedoch kam der Rhein bis heute kaum vorwärts: Die zwanzig bis vierundzwanzig Meter hohe Stufe stellt sein ehemaliges östliches Felsufer dar, über das sich der Hochrhein heute als der »Große Laufen« bzw. Rheinfall ergießt. Da diese Kalktafeln wegen ihrer einheitlichen und gleichbleibend resistenten Struktur eine sehr große Härte aufweisen, beißt sich Vater Rhein hier sozusagen die Zähne aus: gräbt er sich doch pro Jahr nur wenige Millimeter tiefer. Dies bedeutet letztendlich, daß er in seinem eigenen Flußbett im östlichsten Teil des Hochrheintales bei weitem nicht so schnell vorwärtskommt wie bei seinen erfolgreichen Versuchen, dem benachbarten Stromsystem der Donau weiter das Wasser abzugraben: In den rund 20.000 Jahren, in denen die heutige Wutach vom einstigen Donau-Quellfluß zum durch eine bis zu zweihundert Meter tief eingegrabene Schlucht fließenden Nebenfluß des Hochrheins wurde, ist Vater Rhein bei Neuhausen selbst dem Bodensee nur um vierzig bis sechzig Meter näher gekommen ...

# Der Hochrhein und seine Nebenflüsse

Auf den knapp einhundertfünfzig Kilometern, die der Hochrhein auf dem Weg vom Bodensee bis Basel zurücklegt, streben ihm eine ganze Reihe Flüsse und Bäche zu, die – wie wir schon im Kapitel über die Naturgeschichte erahnen konnten – seine Ufer mit einem landschaftlich äußerst reizvollen Hinterland verbinden. Mit dem Rhein als verbindendem Glied haben diese Seitentäler aus ihren natürlichen Grundlagen heraus zuweilen eine eigene Entwicklung durchgemacht, weshalb einige dieser Nebenflüsse einmal kurz beleuchtet werden sollen. Von den rechtsrheinischen seien mit der Biber, Wutach, Alb, Murg, Wehra und Wiese die wichtigsten erwähnt, linksrheinisch sind die zumeist bedeutenderen Flüsse anzutreffen – wie Thur, Töss, Glatt, Aare, Sissle, Ergolz und Birs.

Die Biber entwässert den westlichen Hegau, der sich hier nordwärts des Hochrheins erstreckt, und den östlichen Randen, wie der südwestliche Ausläufer der Schwäbischen Alb genannt wird. Mit ihren Nebenbächen bringt das Flüßchen Biber Wasser von der Rückseite der wunderschönen Hegauvulkane Hohenstoffeln, Mägdeberg, Hohenkrähen und Hohentwiel mit den Wässern des Reiat zusammen, wie der östliche, stärker landwirtschaftlich genutzte Raum des schaffhausi-

*Blick ins Biber-Tal bei Opfertshofen und Bibern im nördlichen Reiat (im Norden des Kantons Schaffhausen).*

schen Randen heißt. Erstaunlich ist dies Flüßchen vor allem deshalb,weil es auf seinem mit nur rund 30 km recht kurz zu nennenden Lauf bereits dreimal die Landesgrenze von Deutschland mit der Schweiz überquert hat, bis es westlich von Stein am Rhein in den großen Strom mündet.

Mit 125 Kilometern Länge ist die Thur einer der größeren Nebenflüsse des Hochrheins. Ihr Name soll sich vom keltischen Wort »dur« (Dura → Thur) ableiten, welches soviel wie »Wasser« bedeutet [4]. Sie entspringt auf über 2000 Meter Höhe im Säntisgebiet, fließt erst nordwärts, um einem ehemaligen Rheingletscherarm zu folgen, biegt bei Bischofszell westwärts ab und fließt bis fast zur Mündung in den Rhein mehr oder weniger parallel zum Bodensee- und Hochrheinufer. Nachdem sie sich bei Andelfingen überaus reizvoll in die Grundmoränen des Rheingletschers eingegraben hat, strebt sie schnurgerade dem Rhein zu, in den sie mündet, kurz nachdem das schweizerische Staatsgebiet wieder auf beide Rheinseiten übergegangen ist.

Die Landschaften um das rund fünfzig Kilometer lange Flüßchen Töss sind im oberen und unteren Tal sehr verschieden. Im oberen Einzugsbereich liegt das Tössbergland, in das sich die Töss und ihre Seitenbäche während der Eiszeit, die dem Bergland Eisfreiheit bescherte, in den aus Nagelfluh und Sandstein (Molasse) aufgebauten Untergrund einzuschneiden begannen. Daher entstand eine eigenartige Bergwelt mit einem nur recht schmalen

*Rhein bei Rüdlingen oberhalb der Töss-Mündung.*

Haupttal, aber tobelartigen Seitentälern und hochliegenden Terrassen. Die wilde Landschaft, in deren bewaldeter Bergeinsamkeit sich u. a. Tibeter angesiedelt haben (z. B. in der Umgebung von Rikon, wo sich auch das 1968 gegründete Tibet-Institut befindet), steht heute ein wenig im Widerspruch zur »gezähmten« Töss, der man durch die Flußkorrektur 1876 den Wildbachcharakter genommen hat. Ab Winterthur ändert sich das Landschaftsbild erheblich. Durch die Arbeit der eiszeitlichen Gletscher wechseln sich hier die sanfteren Molasse-Hügelzüge mit der breiten, von Schotter und Lehm angefüllten Talsohle ab. Das dichtbewaldete, durch die starke und tiefe Zertalung für den Ackerbau kaum geeignete Tössbergland war bis in die Neuzeit hinein ein armes Bauernland geblieben, in dem sich die Menschen nur durch Flößholz und Köhlerei ein Zubrot verdienen konnten. Erst die im 17. Jahrhundert eingeführte Baumwollspinnerei schuf eine derart gute Existenzgrundlage, die zu einem Bevölkerungszuwachs und einer stärkeren

Besiedlung führte, so daß sich diese Gegend zu einem der am stärksten industrialisierten Gebiete der Schweiz entwickelte. Die kraftspendende Töss ermöglichte den Betrieb von Baumwollspinnereien, die aber nur zögerlich zur Fabrikarbeit übergehen konnten. So kam es ab der Mitte des 19. Jahrhunderts zum Umkehrtrend, daß nämlich die Mechanisierung der Weberei eine Entvölkerung der Berggebiete nach sich zog. Viele der ausgedehnten Waldgebiete von heute gehen auf Aufforstungen von Wiesen und Weiden jener Zeit zurück. Das untere Töss-Tal dagegen ist zwischen Irchel und Dattenberg eingetieft, und die steilen Uferhänge bilden eine ausgesprochene Verkehrsbarriere. Durch seine tiefe Lage jedoch konnte sich hier traditionell der Ackerbau ausbilden, und die sonnenbeschienenen Hänge lieferten seit alters her eine gute Grundlage für den Weinbau.

Das kleine Flüßchen Glatt (ca. 30 km lang) entspringt am nördlichen Zürichberg und fließt über Bülach dem Rhein zu. Überreste eines römischen Gutshofes in Seeb zeigen die römische Kolonisation an ihren Ufern, die im Mündungsbereich der Glatt wegen der wenig Humus tragenden Kiesböden nur durch Bewässerung vom öden Heideland in fruchtbares Ackerland umgewandelt werden konnten [5]. Von dort, aus Glattfelden, stammt die Familie des Dichters Gottfried Keller.

Die gefällreiche Wutach, ein bei Waldshut-Tiengen in den Hochrhein mündender Fluß des südöstlichen Schwarzwalds, ist aufgrund ihrer Naturgeschichte besonders bekannt: wegen der »Anzapfung« der Feldbergdonau in der Spät-Würmeiszeit. Im Oberlauf bildete sie die von einer ganz besonderen Vegetation und Fauna gekennzeichnete Wutachschlucht aus: von den 2500 höheren Pflanzenarten Mitteleuropas ist etwa die Hälfte hier vertreten, darunter finden sich auch Orchideen, des weiteren über hundert Vogel- und 500 Schmetterlingsarten. Die Wutach mit ihrer faszinierenden Schlucht ist – neben der Aachquelle im Hegau – eines der augenfälligsten Zeichen dafür, »wie Vater Rhein der Donau nachstellt«. Dies zu erklären, muß ich jedoch ein wenig ausholen ...

Zwischen Immendingen und Sigmaringen, also nicht einmal hundert Kilometer hinter ihren Quellen, führt die Donau noch relativ wenig Wasser mit sich, nicht zuletzt, weil beträchtliche Mengen davon zuweilen im Kalkgestein der Hegaualb verschwinden, um in der Aachquelle im Hegau wieder an den Tag zu treten. Noch vor dem Albanstieg, gleich nach dem ersten Schlot der alten Hegauvulkane, dem Wartenberg bei Geisingen, treffen wir rechterhand auf das Tal der Aitrach. Der klei-

*Hegaulandschaft.*

*Bei Tiengen überspannt eine alte Holzbrücke die Wutach, den bedeutendsten rechtsrheinischen Zufluß des Hochrheins.*

ne Wasserlauf verliert sich in der weiten Talung, und zwischen Blumberg und dessen Flugplatz mag das Flüßchen gar trockengefallen sein. In regenreicher Zeit allerdings ist das Bett der Aitrach voll Wasser, das sich kaum fließend in Richtung Geisingen bewegt. Weiter flußaufwärts, vor Blumberg, rührt sich zunächst gar nichts mehr, bis wir verblüfft feststellen, daß das Wasser im selben Bachbett erneut fließt: jetzt aber in die andere Richtung! In Blumberg selbst verschwindet das Rinnsal unter Fahrbahndecken und Hausbauten, um schließlich am Markt wieder als Schleifebächle an die Oberfläche zu kommen und in einer engen Schlucht steil zur Wutach hinabzurauschen. Nur einen Steinwurf östlich von Blumberg also kann sich das Wasser der Randenbäche aussuchen, ob es nach Osten zur Donau oder nach Westen über die lediglich vier Kilometer entfernte Wutach zum Rhein fließen will. Leicht ist es somit nicht, den Nachstellungen von Vater Rhein auf Dauer standzuhalten ...

Daß die Verhältnisse hier nicht immer so lagen, zeigt die westliche Verlängerung des Aitrach-Tals, die in gerader Linie in über der Wutachschlucht gelegene Terrassen übergeht. Deshalb sprechen Geologen von der weiten Gäulandschaft der Baar über der Wutach als dem Tal der Ur-Aitrach bzw. der Feldberg-Donau. Buntsandsteingeschiebe in dieser Gegend sprechen dafür, daß in der Rißeiszeit (vor 230 000 bis 140 000 Jahren) Alpen und Südschwarzwald in einem Block vergletschert waren. Vom Feldberg transportierte das Gletscherwasser Gerölle bis hinab ins heutige Aitrach-Tal, wo sie sich oberhalb der Wutachschlucht wie auch am Unterlauf der Aitrach nachweisen lassen. Diese Schotter waren der einstigen Feldberg-Donau zum Verhängnis geworden. Nachdem in der Zeit der Vereisung das Flußbett durch die nachlassende Wassermenge allmählich aufgeschottert worden war, muß schließlich ein Hochwasser dazu geführt haben, daß ein Teil davon die niedrige Wasserscheide zu einem südlich benachbarten Rhein-Seitental durchbrach: etwa beim heutigen Achdorf, westlich der sogenannten Blumberger Pforte. Die Erosionsbasis des Rheins lag (bei der Wutachmündung) mit 300 Metern unter dem Donau- bzw. Aitrachtal deutlich tiefer, und daher wurde der Ur-Aitrach schnell das Wasser abgegraben und zur heutigen Wutach umgelenkt (Flußanzapfung). In nur 40 000 Jahren hat sich diese bis zu 175 Meter tief in den Untergrund gesägt, und im Verbund mit dem noch winzigen Schleifebächle wird sich der gierige Arm von Vater Rhein durch das Aitrach-Tal weiter an die noch junge Donau bei Geisingen heranmachen, um sie dort irgendwann ebenfalls anzuzapfen. In naher geologischer Zukunft wird dann sogar das »Donau-Quelle«-Wasser des Donaueschinger Schloßbrunnens zum Rhein abfließen ... [6]

Der Name des zweitgrößten schweizerischen Stromes, Aare, bedeutet in der einstigen gallo-keltischen Sprache soviel wie »Fluß« [7]. In der 295 Kilometer langen Aare hat Vater Rhein eine Tochter, die ihm über den Kopf gewachsen ist. Außer Graubünden, wo der Rhein östlich des Gotthard seinen Ursprung nimmt, senden fast alle anderen deutschsprachigen Kantone der Schweiz ihr Wasser über das Flußsystem der Aare in den Rhein: Fast die Hälfte der Schweiz (43% der Staatsfläche) umfaßt es als Einzugsgebiet, und etwa 470 Quadratkilometer davon sind vergletschert – etwa soviel wie die Fläche des Obersees im Bodensee. Ihr Quellgebiet in der Finsteraarhorn-Gruppe im Nordwesten des Gotthard liegt nur ca. dreißig Kilometer Luftlinie von jenem des Rheins, und doch muß sie fast dreihundert Kilometer zurücklegen, um sich mit dessen Wassern zu vereinigen. Dabei spendet sie über zahlreiche Stauwerke – wie dem berühmten Grimsel-See, aber auch den im Canyon unterhalb Berns gelegenen Stauseen von Wohlen und Kallnach – Energie durch ihre Wasserkraft. Schon auf den ersten drei Dutzend Kilometern ihres Oberlaufs hat sie ein Gefälle von 1700 Metern hinter sich, um dann durch die aufregende Aare-Schlucht dem Brienzer See und dem Thuner See zuzufließen. Die über einen Kilometer lange Schlucht ist stellenweise nur einen Meter breit und reicht zuweilen doch bis in 150 Meter Tiefe hinab. Selbst im Moränen- und Schottergelände von Bern, durch das die Aare sich in vielen Windungen hindurchgefressen hat, hat sie sich bis zu 60 Meter eingetieft. Bei Aarberg schließlich hat man sie während der ersten Juragewässerkorrektion (1868-89) gar ihrer Bettruhe beraubt und sie über Kanäle in den Bieler See umgeleitet; erst östlich von Biel darf sie wieder in ihr altes Flußbett zurück und als große Sammelader des schweizerischen Mittellandes am Jurafuß entlangfließen. Im sogenannten »Wasserschlößchen« zwischen Brugg und Baden, nur zwanzig Kilometer vor ihrer Mündung in den Hochrhein, vereinigt sich die Aare mit den ebenfalls wasserreichen Flüssen Reuss und Limmat, um dann in einem weiten Quertal

*Das Aare-Tal diente schon seit Jahrtausenden als eine der wesentlichen Verkehrsachsen vom Hochrhein nach Süden über die Alpen.*

durch das Juragebirge durchzubrechen und Vater Rhein mutig entgegenzuströmen, wie es Karl Simrock schon im letzten Jahrhundert beschrieb: »Sie glaubt sich des Sieges gewiß, denn sie übertrifft ihren Gegner nicht unbeträchtlich an Größe. Aber dennoch erliegt sie, wie der Riese dem Helden erliegt, der ungestümere Rhein reißt sie mit sich fort. Vergebens widersteht sie der überlegenen männlichen Kraft, endlich muß sie sich ergeben, seine Umarmungen erwidern, sich ganz in ihm verlieren.« [8]

Im Schweizer Mittelland war die Aare nach der Völkerwanderung lange Zeit die Scheidelinie zwischen den zugewanderten Alemannen und Burgundern. Zugleich bildete sie die Grenze der beiden Bistümer Konstanz und Lausanne bzw. die politische Grenze zwischen den alemannischen und burgundischen Reichsteilen. Bis um die Mitte des 19. Jahrhunderts war sie eine der am stärksten befahrenen Wasserstraßen der Schweiz, auf der neben Salz und Getreide überwiegend Flößholz und Wein transportiert wurden. Der Bau von Straßen und Eisenbahnen nahm ihr diese Rolle als Handelsweg, dafür ist sie schließlich zu einem wichtigen Energiespender geworden: Noch unmittelbar vor ihrer Mündung bei Koblenz (Schweiz) finden wir ihren Lauf zum letzten Mal zu einem Kraftwerk aufgestaut.

Die Quellflüsse der Alb, Menzenschwander Alb und Bernauer Alb, entspringen im höchsten Gebiet des Schwarzwaldes um den Feldberg (1493 m) und das Herzogenhorn (1415 m). Sie vereinigen sich oberhalb der frühklassizistischen Kuppelkirche St. Blasiens, dessen zugehöriges Kloster bis ins 10. Jahrhundert der Benediktiner-Abtei in Rheinau unterstanden hatte. Nach dem unterhalb St. Blasiens aufgestauten Alb-Stausee strebt die Alb in Südrichtung in einer wildromantischen, felsigen Schlucht mit bizarrer Felsszenerie, durch die sich die Albtalstraße über viele Brückchen und fünf kleine Tunnels schlängelt, dem Rhein zu, von dem sie in Albbruck aufgenommen wird – vierzig Kilometer und rund neunhundert Höhenmeter unterhalb ihrer Quellen.

Der im Vergleich zur Alb nur halb so lange Wasserlauf der Murg entstammt dem Hotzenwald, von dessen auf dem 997 Meter hohen Gugel stehenden Turm der Blick zu den Quellbächen der Murg reicht. Im Unterlauf – zwischen Hottingen und der Mündung im Dorf Murg – geht die zunächst weite Talung des Flüßchen in einen schluchtartigen Durchbruch durch den Hotzenwald über.

*Oberhalb der Kuppelkirche St. Blasien vereinigen sich Menzenschwander Alb und Bernauer Alb zum Hochrhein-Nebenfluß Alb.*

Schon wenig flußabwärts der Murg-Mündung kommt auf der gegenüberliegenden Rheinseite das schweizerische Flüßchen Sissle aus dem freundlichen Fricktal. Das Rauschen des Baches wird im Haupttal zumeist vom Verkehr übertönt, da durch seine weite Talung die Hauptverkehrsachse von Basel über den Bözberg nach Baden und weiter nach Zürich führt. Nach nicht einmal zwanzig Kilometern mündet die Sissle bei Sisseln in den Hochrhein, einem kleinen Ort zwischen Laufenburg und Stein, der dem deutschen Bad Säckingen gegenüberliegt.

Die vom Todtmooser Hochkopf (1263 m) kommende Wehra ist vor dem Basler Rheinknie das letzte bedeutende Flüßchen (25 Kilometer lang) der rechtsrheinischen Seite. Mit ihrer schönen Schlucht, durch welche die Hauptstraße von Wehr nach Todtmoos führt, umrahmt die Wehra den Hotzenwald in dessen Nordwesten und zwängt sich anschließend zwischen ihm und dem Dinkelberg bei Wehr-Öflingen in den Hochrhein.

Auf der linksrheinischen Seite ist als nächster Wasserlauf von einiger Bedeutung die Ergolz zu nennen. Sie entspringt am Nordrand des Jura, unterhalb des 963 Meter hohen Geissfluh-Gipfels, von wo sie sich bald nach Westen wendet und zunächst parallel zum Rhein fließt. Nach Sissach dreht

*Schweizer Jura im Baselbiet.*

sich die Ergolz allmählich wieder nach Norden und damit dem Rhein zu. Das mit seinem mittelalterlichen Kern hübsche Liestal läßt sie links liegen, um dann geradewegs dem Hochrhein zuzustreben, in den sie nach einem rund dreißig Kilometer langen Flußleben bei Kaiseraugst, wenig unterhalb der Ruinen des römischen Theaters, mündet.

Mit 73 Kilometern Länge ist die Birs der größte Jura-Fluß der Schweiz. Sie entspringt als Karstquelle nahe am Innenrand des Berner Juras im Norden des Bieler Sees. In nicht einmal fünfzehn Kilometer Entfernung (Luftlinie) von der Aare fließt sie im Herzen des Gebirges eine Weile parallel zu ihrer großen Schwester, die sie am südlichen Jurarand begleitet, bis sie sich auf landschaftlich reizvollste Weise durch die verschiedenen Schichten des Jura windet, um die bekannten Beckenlandschaften um Delémont und Laufen zu durchströmen. Das Tal der Birs, die sich im Süden des Rheinknies noch einmal durch die Engen harter gefalteter Schichten des Jura hindurcharbeiten muß, ist das historische Hinterland der Stadt Basel, die sich längst schon über den Mündungsbereich der Birs hinaus ausgebreitet hat – auch wenn der Fluß nach geographischen Maßstäben noch oberhalb Basels in den Hochrhein mündet.

Die Wiese ist zwar kein Nebenfluß des Hochrheins mehr, aber ihr den südlichen Schwarzwald in eine östliche und eine westliche Hälfte teilendes, dicht besiedeltes Tal hält von Norden, vom Schwarzwald kommend, lange direkt auf den Hochrhein zu – wird dann aber vom Dinkelberg gezwungen nach Westen abzubiegen. Nur wenige hundert Meter über den Feldbergsattel trennen die Quelle der etwa sechzig Kilometer langen Wiese von einem der Quellflüsse der Alb, wogegen ihr Wasser schon fünfzig Kilometer unterhalb der Albmündung in den Hochrhein gelangen kann. Damit hat die Wiese heute als ein Nebenfluß des Oberrheins zu gelten – auch wenn sie dereinst einmal unterhalb des Grenzacher Horns mündete und damit vor dem Rheinknie, das die Grenze zwischen Hoch- und Oberrhein definiert. Das zuweilen äußerst idyllische Wiesental selbst ist aber auf jeden Fall noch zum Hinterland des Hochrheins zu rechnen.

# Geschichte und Geschichten

Das Hochrheintal ist altes Kulturland und ein wichtiger Durchgangsraum Mitteleuropas. Die früheste Anwesenheit von Menschen – wie des Heidelberger Frühmenschen und des Neandertalers, die in einer tundraähnlichen Landschaft gelebt und gejagt haben dürften – ist durch vereinzelte Gerätefunde nachgewiesen. Das unterschiedlich weit vorgedrungene Eis der diversen Kaltzeiten hatte jedoch vor allem den Raum um den Bodensee und den Hegau für Jahrzehntausende unbewohnbar gemacht. Erst das Zurückweichen des Eises des letzten Rheingletschers und die damit verbundene Regeneration der Pflanzendecke ermöglichten es den Menschen wieder, in die Gebiete westlich des Bodensees vorzudringen und sich dort neuen Lebensraum zu erschließen. Früheste Hinweise auf die dauerhafte Anwesenheit des Menschen beispielsweise im Hegau, jener fruchtbaren tertiären Vulkanlandschaft zwischen Bodensee, Donau und Rhein, gaben Höhlenfunde im Raum Schaffhausen-Thayngen (Schweizersbild, Kesslerloch) und Engen-Aach (Petersfels, Bildstockfels). Gegen Ende der Altsteinzeit (12. bis 8. Jahrtausend v. Chr.) hatten diese Höhlen hier lebenden Rentierjägern Unterschlupf geboten. Die Anthropologen gehen davon aus, daß Jägernomaden aus dem mittleren und südlichen Frankreich im Sommer in den kühleren Norden gezogen und durch das Hochrheintal in den westlichen Bodenseeraum gelangt sind. Stein- und Knochenwerkzeuge sowie Knochenstäbe für kultische Zwecke mit Gravierungen von Rentieren und Wildpferden, die am Petersfels und Kesslerloch ausgegraben wurden, weisen auf die nach dem französischen Fundort La Madeleine benannte altsteinzeitliche Kulturstufe Magdalénien hin.

Etwa seit der mittleren Steinzeit (8. bis 4. Jahrtausend v.Chr.) begannen die Menschen sich aus Astwerk, Schilf oder Reisig einfache Hütten zu bauen, aber erst in der Jungsteinzeit (4000 bis 1800 v.Chr.) wurden die einstigen Jäger und Sammler richtig seßhaft. Allmählich setzten sich Ackerbau und Viehzucht durch, und die fruchtbarsten Böden wie jene des Hegau und das Schwemmland im Hochrheintal wurden mit Steinpflügen bearbeitet. An Seen (Bodensee) wurden im feuchten Uferbereich leicht zu verteidigende, solide gebaute Dörfer auf Pfählen errichtet. Die keltoromanischen Siedler hinterließen Wallanlagen (sog. Oppidum), von denen sich noch heute Reste z. B. in Rheinau und Altenburg finden. Aber erst Caesar machte den Hochrhein 58 v. Chr. im politischen Sinne zur Grenze, nachdem er die keltischen Helvetier in ihre Heimat zurückgeschickt hatte. Daher wurde das Land beiderseits des Hochrheins in römischer Zeit durch Landgüter kolonisiert, und die antiken Kulturstätten in Augst, bei Brugg und Baden sowie Ruinen ehemaliger römischer Rheinwarten und Kastelle führen uns eine unter den Cäsaren blühende römische Stadtkultur vor Augen, die zur Verteidigung der Rheinlinie gegen Alemannen massive militärische Vorkehrungen getroffen hatte. An der Wende des dritten zum vierten nachchristlichen Jahrhundert ging in der alemannischen Landnahme eine germanisch-deutsche Besiedlungswelle über das Hochrheingebiet hinweg, eine weitere in der merowingisch-karolingischen Ausbauzeit (7. bis Ende des 9. Jahrhunderts). Die Zeit der Frankenkönige, die den alemannischen Raum über die heimischen Herzöge regierten, spielte für die kulturelle und wirtschaftliche Entwicklung der Region eine große Rolle: sowohl zahlreiche Klostergründungen oder -neubauten seit dem frühen Mittelalter – wie z. B. Säckingen im 7. Jahrhundert, das Kloster auf dem Hegauberg Hohentwiel, das 1007 nach Stein am Rhein verlegt wurde, und Allerheiligen in Schaffhausen – als auch die Burgruinen mächtiger Gebietsherren (von Krenkingen, Klingen, Habsburger usw.) zeugen noch heute davon. Von Westen her drängten im 11. Jahrhundert die Zähringer an den Hochrhein, die auf beiden Ufern Fuß fassen konnten. Die von ihnen in Rheinfelden erbaute Brücke war für einige Zeit der wichtigste Straßenübergang am unteren Hochrhein, denn die erste Basler Rheinbrücke folgte erst 1225 und damit über ein halbes Jahrhundert später [9]. Von Osten her dehnten die Hegauer Nellenburger ihren Herrschaftsbereich bisweilen bis an den Hochrhein aus; weiter flußabwärts genossen die Herren von Küssaburg ihre Macht, während linksrheinisch die Herren von Kyburg, Habsburg und Rheinfelden immer größeren Einfluß gewannen. Daneben baute die Kirche ihre Herrschaft aus, die seit der in merowingischer und karolingischer Zeit erfolgten Christianisierung über so bedeutende Klöster wie Reichenau, Rheinau, Säckingen und St. Blasien im Hochrheingebiet wirkten. Über ihnen standen die Bischofssitze in Konstanz und Basel – sozusagen am Anfang und am Ende des Hochrheins je einer.

Nur wenig mehr als ein Jahrhundert nach dem Gründungsjahr der Schweiz, nämlich 1415, kamen die Eidgenossen mit der Übernahme der aargauischen Grafschaft Baden in den Besitz von Land am Hochrhein. Fortan sollten sie sich ständig mit dem österreichischen Haus der Habsburger am Rhein schlagen, die in dessen Hinterland sogar ihren Stammsitz hatten. Nur wenige Fußstunden westlich des aargauischen Baden thront das Stammschloß der Habsburger über dem Aare-Tal. Deren Versuch, an Hoch- und Oberrhein einen Staat zu gründen, war nur teilweise geglückt, wenngleich das aargauische Fricktal und die vier sogenannten Waldstädte Rheinfelden, Säckingen, Laufenburg und Waldshut als ein Teil Vorderösterreichs bis 1803 in der Hand der Habsburger geblieben waren [10]. 1460 eroberten die Eidgenossen den österreichischen Thurgau und errichteten dort eine sogenannte »gemeine Herrschaft« – ein bis 1798 andauerndes Untertanenverhältnis. Jedoch blieb die thurgauische Gegend ein Mosaik weltlicher und geistlicher Herrschaften, die größtenteils im Besitz von Adligen, Prälaten und Klöstern (wie Fischingen, Kreuzlingen u.a.) standen. Als bedeutendste geistliche Herren sind hier insbesondere die Bischöfe von Konstanz und St. Gallen zu nennen [11]. Im Jahre 1499 kam es zum sogenannten »Schwabenkrieg« oder »Schweizerkrieg«, durch den die Eidgenossen ihre Eigenständigkeit endlich durchsetzten. Auf die Kämpfe jener Zeit geht eine große Zahl von Zerstörungen am Rheinufer und im Klettgau zurück. Die Eidgenossen hegten dabei die Hoffnung auf eine Einung der Hauensteiner Herrschaft und, als mögliche Folge, den Beitritt der Waldstädte zum Schweizerbund [12] . Zwei Jahre später traten Basel und Schaffhausen der Eidgenossenschaft bei. Große Verwüstungen erlebte das Hochrheintal auch im Bauernkrieg (1524-26), der mit Erhebung gegen den Grafen von Lupfen begann, 1525 die Zerstörung der Küssaburg nach sich zog und in der Brandschatzung der Abtei St. Blasien 1526 eines der markantesten Eckdaten der südwestdeutschen Geschichte setzte. Auch der Dreißigjährige Krieg (1618-48) ging nicht ohne Verwüstungen am Hochrheingebiet vorüber, und erst im Barock beginnt Ende des 17. Jahrhundert eine neue wirtschaftliche und damit auch kulturelle Blüte.

Waren Kunst und Literatur bis ins 13. Jahrhundert vor allem eine Sache von Adel und Klerus gewesen, begann hernach das aufkommende Bürgertum sich selbst auszudrücken. Nach Vorbild der Burgen befestigten sie zunächst ihre Städte, allmählich aber nahm dann der Zierat zu, so daß Tore und Türme nunmehr mit Zinnen und Staffelgiebeln geschmückt wurden, mit Erkern, Reliefs oder auch Malereien. Diese bieten uns heute noch manchen schönen Anblick in den sogenannten »Waldstädten« Rheinfelden, Säckingen, Laufenburg und Waldshut, auch wenn das Erhaltene zumeist aus jüngerer Zeit stammt. Sie sind Gründungen der Habsburger bzw. Zähringer als Brücken- und Festungsstädte mit gewerblicher Orientierung: Fischerei, Flußverkehr, Eisenverarbeitung (besonders Laufenburg – auf der Basis der Bohnerze der Alb und der Erze des schweizerischen Fricktals). In Schaffhausen schaffte man dann den Sprung zur modernen Eisenverarbeitung. Da die ländliche Heimweberei des Hochrhein-Tals, des Hotzenwaldes und des Markgräflerlandes von Schweizer Seite gefördert wurde, setzte 1790 die Entwicklung der Textilindustrie in den übrigen Hochrhein-Städten ein. Die Ausnutzung der Sole des mittleren Muschelkalks und der Wasserkraft des Stroms (1890 Baubeginn des Rheinfeldener Kraftwerkes) führten zur Ansiedlung von chemischer Industrie, pharmazeutischer Großindustrie und Werken der Aluminiummetallurgie (Waldshut) und damit zur Entstehung neuer Siedlungen (wie Rheinfelden in Baden nach 1890).

Mit der Gründung des Großherzogtums Baden 1806 unter Napoléon I. wurde die sich schon seit langem anbahnende politische Spaltung des Hochrheingebietes besiegelt. Die gutnachbarschaftlichen Beziehungen jedoch – vor allem in wirtschaftlicher Hinsicht – ließen dem Raum noch immer eine gewisse Einheitlichkeit: die Industrialisierung am Hochrhein, gerade auf dem rechtsrheinischen Ufer – hatte oft Investitionen eidgenössischer Unternehmer zur Ursache. So ist auch heute, trotz der Staatsgrenze, das Land am Hochrhein eine naturräumliche Einheit wie eine Einheit von Seele und Geist: Es wird hüben und drüben gearbeitet, und zum Festen und Feiern besuchen sich die Nachbarn beiderseits des Stromes ebenfalls gerne.

*Älteste bekannte Ansicht Schaffhausens. Holzschnitt in der 1548 veröffentlichten Schweizerchronik von Johannes Stumpf.*

# Schiffahrt auf dem Hochrhein

Der Rhein ist – abgesehen vom Hochrhein zwischen Bodensee und Schaffhausen – erst ab Rheinfelden schiffbar, ab Basel für Schiffe von 2000 t Größe. Dennoch mag die Schiffahrt auf dem Hochrhein annähernd so alt sein wie seine Ufer besiedelt sind: zunächst für den seit der Steinzeit am Untersee nachgewiesenen Fischfang, der dann im neunten Jahrhundert (876) für das unterhalb des Rheinfalls gelegene Kloster Rheinau urkundlich (Fischereirechte) festgehalten ist [13]. Auch der Güterverkehr auf dem Hochrhein reicht weit zurück. Eine schaffhausische Urkunde aus dem Jahre 1285 erteilte beispielsweise die Bewilligung, daß dort Schiffe be- und entladen werden durften. Die Schiffahrt auf Hochrhein und Bodensee ergänzte die über die Alpenpässe kommenden Handelswege. Und schon im 16. Jahrhundert tauchen allerhand Schriftstücke auf, die uns von den verschiedenen, mit der Schiffahrt zusammenhängenden Angelegenheiten und Problemen berichten: von Pachtzinsen für die »Schiffahrtsgerechtigkeit«, vom Freihalten des Schifferweges und von Bootsunfällen, ja selbst von ökologischen Bedenken: »1542 wird dem Obervogt zu Eglisau in Folge einer Klage von Schaffhausen an den Rath der Stadt Zürich befohlen, den hiesigen Schifferweg zu säubern und zu bessern, namentlich ›die ougen‹ (Sandbänke?) und ›studen‹ (das Gestrüpp an den Ufern) hinwegzutun, dass sie sicher durchfahren könnten.« Wiederum ist es Schaffhausen, April 1561, welches wegen der Schiffahrt Klage erhebt. »Der Vogt und ›etlich sonder Personen‹ zu Eglisau wollten den Schaffhauser Schiffsleuten nicht gestatten, ihre Schiffe von Coblenz her den Rhein hinaufzustossen, etliche Wochen lang, weil die Schiffahrt dem Laich der Fische, besonders der Nasen, beim Einlauf der Glatt merklichen Schaden und Nachtheil zu dieser Zeit zufüge« [14].

Flußabwärts nutzte man die Strömung, gegen die Fließrichtung mußten die Kähne entweder ufernah gestakt oder – oberhalb Schaffhausens – vom Ufer aus geschleppt (»Treideln«) werden. An den Ufern entlang führten daher Leinpfade, von denen aus die Boote an Seilen mit Menschenkraft oder mit Hilfe von Zugtieren die Flüsse hinaufgezogen wurden. Vielerorts aber waren die steilen Uferpartien zu unwegsam und erschwerten dieses sogenannte »Recken« mit Pferden – dann blieb den Schiffern nur, ihre bis zu 25 Meter langen Waidlinge in Ufernähe »hochzustacheln«, mitsamt ihrer über drei Tonnen (flußabwärts bis zu 15 Tonnen) schweren Ladung flußaufwärts zu stoßen, wie es uns schon im heimatkundlichen Werk über Eglisau aus den Jahren 1883/1884 vom dortigen Pfarrer Wild beschrieben wurde: »Die Flusskähne, Waidlinge genannt, sind bekanntlich lange, schmale Nachen mit nur einem Ruder, welches bei der Thalfahrt durch einen am Schiffe befestigten Riemen gezogen wird. Deshalb sagt der Schiffer mit dem Riemen arbeiten. Bei der Bergfahrt würde das Ruder wenig nützen. Es wird daher aus dem Riemen genommen und in's

Schiff gelegt. Der Schiffer nimmt nun den Stachel (Schalte genannt) zur Hand und stößt längs dem Ufer das Schiff aufwärts, was bei hohem Wasserstande eine sehr mühsame und langwierige Arbeit ist, während bei ganz niedrigem Wasser sich die Thalfahrt stellenweise schwierig gestaltet. [15] ... Um die Schiffe längs des Flussufers hinauf stossen zu können, müssen sie schmal und lang sein; aber zur Thalfahrt mit der Ladung wurden zwei bis drei Waidlinge neben einander gebunden und nur darüber die an den Enden mit Hacken versehenen Lagerhölzer oder ›Leitern‹ gelegt, wie noch heute etwa bei Lustfahrten die Sitzbretter über zwei Schiffe zu erhöhter Sicherheit. Man nennt diese Verkoppelung ein ›Gefehrt‹ [16]«.

Zwar hatte die Flußschiffahrt früher mit nicht unerheblichen Schwierigkeiten zu kämpfen, aber gemessen an den Fährnissen der damaligen Überlandwege schien der Bootsverkehr allemal bequem, zumal wenn die Schiffer die gleiche Richtung hatten wie das Wasser des Rheins selbst. Zur Römerzeit war der Rhein ebenfalls stark befahren, vor allem zu militärischen Zwecken. Das schwere Baumaterial für die Städte und Kastelle, die den reißenden Fluß als Grenzwehr ausbauten, wurde ebenso auf dem Wasserweg herangeschafft wie der Wein, den man bis nach Holland hinunter verschiffte. Die gewerblichen Schiffer Roms hatten sich gar schon genossenschaftlich organisiert, und auf ihr »contubernium nautarum« sollen die noch bis Ende des 19. Jahrhunderts auf dem Hochrhein tätigen Schifferzünfte zurückzuführen sein. Deren Einkünfte – Lohn, Fahrpreise und Frachtkosten – wurden von den Anrainerstädten festgelegt, die das Fahrwasser unterhielten, das »Wochengefehrt« (regelmäßige Fahrten) organisierten und die Schifferzünfte überwachten [17]. Namentlich in späteren Jahrhunderten, führten deren sinkende Einkünfte nicht selten zu Streiks der Schiffsleute – wie jenem schaffhausischen im 18. Jahrhundert, mit welchem die Schiffer sich gegen den zunehmenden Transitverkehr auf dem sogenannten »Ellikerweg« wehrten – dem Landweg zwischen Stein am Rhein und Ellikon oberhalb der Thurmündung, wodurch die Lagerhäuser in Schaffhausen umgangen wurden [18].

Der stromschnellenreiche Hochrhein bot der Schiffahrt naturgemäß größte Hindernisse, was ihrer Entwicklung jedoch keineswegs im Wege stand. An solchen Stellen wie dem Rheinfall mußten die im Allgemeinen recht kleinen und leichten Kähne ausgeladen und mitsamt ihrer Fracht so weit über Land transportiert werden, bis der Fluß wieder befahrbar war. Andernorts war eine Passage zwar schwierig, aber doch möglich. So ist das »Abseilen« der Schiffe über den »Kleinen Laufen« – durch die ›Löffen-‹ oder ›Louffenknechte‹ [19] – vielfach gemalt und beschrieben worden: »bey Lauffenburg können die schiffe leer von den Felsen mit seilen heruntergelassen werden; bey Rheinfelden aber gibt es noch zwischen den Felsen einen schmalen Weg, daß man auch noch zur noth mit beladenen schiffen durchfahren kann« [20]. Daher erklärt es sich auch, daß gerade im Bereich solcher (heute aus landschaftsliebender Sicht leider oft ehemaliger) Stromschnellen sich früh schon Städte entwickelten: wie Laufenburg, Waldshut und Zurzach sowie das bedeutende Schaffhausen. Zu mühselig, ja oft gefährlich war der Landweg dereinst, so daß die mit diesem Umladen verbundenen Mühen im Vergleich zu vernachlässigen waren und sich selbst am Hochrhein eine lukrative Binnenschiffahrt betreiben ließ. So legten die Schiffe zuweilen bedeutende Distanzen zurück und transportierten das ganze Jahr hindurch ihre Waren flußauf- und -abwärts: überwiegend Salz und Getreide, Holz (flußabwärts durch Flößerei), aber auch Wein, Stoffe, Wolle, Eisen und Werkzeuge. Bei niedrigem Wasserstand konnten die Boote allerdings nicht so stark beladen werden, und die Fahrt war gefährlicher. Doch zwischen den Bodenseestädten und Schaffhausen, wo sogar Segelschiffe mit 15 bis 50 Tonnen Tragfähigkeit – die »Ledi« – verkehren konnten [21], des weiteren zwischen Eglisau, Koblenz, Zürich, Aargau und Bern bildeten der Rhein und seine Nebenflüsse die fast ausschließliche Verbindung, den Haupthandelsweg, der auch für Reisende eine billige, verhältnismäßig bequeme und schnelle (durchschnittlich zwölf Stundenkilometer) Fahrgelegenheit bot. Die Landstraßen waren gefährlich und unbequem, und daher verwundert es nicht, daß der Verkehr ab Zürich auf der Limmat über die Aare bei Koblenz in den Hochrhein und von dort bis Basel ging. Nicht selten wurden die betreffenden Schiffe nach dem Löschen der Ladung in Basel versteigert und von Strassburger Schiffern und Händlern zur Weiterfahrt auf dem Oberrhein erworben [22].

Mit dem Bau der Eisenbahn und der Verbesserung der Landstraßen bekam die Rheinschiffahrt ernsthafte Konkurrenz. So wurde der Salztransport quasi gänzlich per Bahn besorgt, sobald deren Netz die Salzwaagen und -faktoreien erreichte. 1856 wurde die rechtsrheinische Bahn Basel-Waldshut fertiggestellt, ab 1897 war die Strecke bis Konstanz durchgängig vorhanden [23]. Damit kam die Schiffahrt im Nu zum Erliegen. Sie hatte schon zu Anfang des 19. Jahrhunderts zu kranken begonnen, nachdem die kriegerischen Auseinandersetzungen unter Napoléon I. zum einen den Verkehr geschmälert, zum andern auch noch so manchen Schiffer um seinen Kahn gebracht hatten. Nach der Eisenbahn wurde das Landstraßennetz ebenfalls immer besser ausgebaut, und damit wurde der Transport zu Wasser mit dem ständigen umständlichen Aus- und Wiedereinladen allmählich unbeliebt. Außerdem durften die Boote wegen der Stromschnellen nicht sehr groß sein, um nötigenfalls ein Stück über Land gebracht werden zu können. In der heutigen Zeit, wo die Frachtschiffe zu groß sind, um mit derart großem Aufwand transportiert zu werden, ist dies ohnehin unmöglich geworden. Zwar war seit Anfang des 20. Jahrhunderts bis in die 1960er Jahre hinein geplant worden, den Rhein vom Meer durchgehend bis zum Bodensee schiffbar zu machen. Diese Pläne sind jedoch – Gott sei Dank! – in der Versenkung verschwunden: zu aufwendig wären die gewaltigen Bauvorhaben, zu groß die Eingriffe in die Naturlandschaft, die ohnehin durch die Industrialisierung und den Bau zahlreicher Kraftwerke nicht unerheblich gelitten hat. Am Hochrhein liegt heute die Wasserkraftnutzung an erster Stelle (dreizehn Wasserkraftwerke), die eine wesentliche Voraussetzung für die Ansiedlung von Industrie und Gewerbe war und ist.

Frachtschiffe, die vom Nordseeküstenland der Niederlande rheinaufwärts fahren, können ihre Waren nicht nur in Basel, sondern sogar noch in Rheinfelden umschlagen. Bis dort verkehren auch Kursschiffe für Passagiere. Im weiteren Laufabschnitt des Hochrheins sind nur noch die Boote privater Besitzer zu finden, und außer vereinzelten Fähren, die die beiden Ufer bei Kaiseraugst, Mumpf/Bad Säckingen, Waldshut und Ellikon miteinander verbinden, gibt es bis hinauf nach Eglisau keinen Fracht- oder Personenverkehr. Nur auf kurzen Abschnitten, zwischen den einzelnen schleusenlosen Wasserkraftwerken, wie zwischen Bad Säckingen und Schwörstadt, oberhalb Bad Säckingen und Hauenstein sowie im windungsreichen, überaus idyllischen und durch die dichten waldbestandenen Ufer sehr wild wirkenden Lauf zwischen Eglisau und Neuhausen am Rheinfall können in motorisierten Ausflugskähnen wieder Bootsfahrten unternommen werden. Ab Schaffhausen allerdings verkehren die großen Linienschiffe der Schweizerischen Schiffahrtsgesellschaft Untersee und Rhein, welche über Kreuzlingen den Anschluß an die Hafenstädte des Obersees, sei es in der Schweiz, in Deutschland oder Österreich, gewährleisten können.

*Laufenburg mit der alten Brücke. Am Rhein sind Laufenknechte damit beschäftigt, ein Warenschiff durch die Stromschnellen zu leiten. (Stich von Gmelin um 1789).*

# Per Schiff auf dem Rhein von Stein bis Basel

Selbst wenn eine Bootsfahrt auf dem Hochrhein nicht durchgängig möglich ist, wollen wir die Gelegenheit dazu doch immer nutzen, wenn sich uns die Chance bietet. Jene Flußpartien, auf denen es keinen Passagier- und Ausflugsverkehr gibt, sind allemal einladend genug, die unterbrochenen Flußfahrten durch Wanderungen zu ergänzen. Wir beginnen unsere idyllische Schiffs- und Wanderreise entlang des Hochrheins in Stein am Rhein – dort, wo sich der Bodensee verengt und bei der Insel Werd mit ihrer im 15. Jahrhundert erbauten Wallfahrtskirche St. Othmar wieder in das enger werdende Strombett des Hochrheins zwängen läßt. Auf Pfahlbauten siedelten hier schon vor über 5000 Jahren Menschen, und die erste Brücke über den oberen Hochrhein war wohl von Werd aus zur anderen Seite geschlagen worden. Die einstige Präsenz der Römer ist durch die Grundmauern eines ihrer Kastelle auf dem linksrheinischen Ufer in Burg erwiesen, in deren Mitte eine der ältesten Pfarrkirchen der Schweiz (799 erwähnt) steht.

Wer das Ausflugsschiff schon in Konstanz oder auf der Reichenau bestiegen hat, der wird vor dem Anlegen in Stein am Rhein als erstes die schöne Häuserfront, welche die »Schiffländi« säumt, erblicken. Auf einer vierhundert Meter

*Bei Stein am Rhein.*

*Die Schiffländе in Stein am Rhein.*

langen Uferpartie lehnt sich die Altstadt des architektonischen Kleinods an den Fluß. Rheinabwärts schließt der trutzige Turm an der »Suumetzg« die Altstadt ab. Er ist ein Teil der früher mit Wassergraben und Schanzen befestigten Stadtmauer, die ansonsten durch die Rückwand der äußeren Häuserreihen gebildet wird. Die einstige Benediktinerabtei, die im späten 10. Jahrhundert auf dem Hohentwiel gegründet worden war, findet sich in Stein als Kloster St. Georgen (heute Museum) wieder und gehört ebenso zu den Attraktionen der Stadt wie die zahlrei-

*Stein am Rhein: Marktplatz.*

chen Fachwerkbauten und prächtig bemalten Bürgerhäuser, die seit dem 15. Jahrhundert entstanden sind. Daß die Stadt sich 1484 dem Schutz Zürichs unterstellte, wirkte sich in der Schiffahrtsgeschichte auf dem Hochrhein zuweilen ungünstig für das oberhalb des Rheinfalls gelegene Schaffhausen aus. Es konnte nämlich durch den Landweg von Stein nach Ellikon umgangen werden, wodurch beträchtliche schaffhausische Transitgebühren in die Zürcher Kasse flossen. Daher wundert es nicht, daß Stein am Rhein in der Mediationsakte von 1803 dem Kanton Schaffhau-

sen zugewiesen wurde [24].

Doch trennen wir uns von den herrlichen Fassadenmalereien des Marktplatzes, die Stein mit seinen Stadttoren als besterhaltene mittelalterliche Kleinstadt der Schweiz auszeichnen, und steigen auf eines der Kursschiffe, die rheinabwärts nach Schaffhausen fahren. Gleich nach dem Ablegen zieht auf dem südlichen Ufer, in Wagenhausen, die frühromanische Basilika St. Maria (1087 erbaut) vor unseren Augen vorbei, während sich auf dem Nordufer Weinberge bis Hemishofen über die Hänge des Schiener Berges ausbreiten. Auf die Einmündung der Biber folgen Wälder mit urwüchsigen Buchenbeständen zu beiden Seiten des Rheins. Im rechtsrheinischen Staffel erreicht die deutsche Grenze wieder den Rhein, welcher der Gemeinde Gailingen sechs Kilometer Flußufer beschert. Efeu-umrankte Buchen und knorrige Eichen laden dazu ein, an schattigen Plätzen am Wasser zu verweilen. Das Flußufer im Staffel gehört zu den einsamsten und beschaulichsten Flecken am Hochrhein zwischen Schaffhausen und Konstanz. Sobald der Staffelwald vom Rheinufer zurücktritt, taucht auf einem Felssporn die Obergailinger St. Nikolauskapelle auf, die um das Jahr 1100 erbaut worden ist. Zusammen mit dem dazugehörigen Fachwerkhof gehört sie zu den Kleinodien der Umgebung.

Rasch trägt die starke Strömung des Flusses unser Schiff abwärts. Über den

*Obergailinger Kapelle St. Nikolaus.*

*Die erste Holzbrücke überspannt den Hochrhein bei Gailingen und Diessenhofen.*

Gailinger Weinbergen erhebt sich die neugotische St. Dionysius-Kirche über den Ort. Das Dorf verteilt sich über den Südhang des Rauhenberges und liegt auf einer rund fünfzig Meter hohen Uferterrasse des Rheins. Mit dem Schweizer Städtchen Diessenhofen ist Gailingen durch eine gedeckte Holzbrücke verbunden, unter der sich die Kursschiffe bei sommerlichem Hochwasser gerade einmal so durchzwängen. Manchmal müssen dafür, zumindest auf den größten Passagierschiffen, die Steuerkabine abgebaut und das Verdeck des oberen Decks herabgelas-

sen werden. Sobald unser Schiff unter dieser Rheinbrücke hindurchgefahren ist, beginnt es eine Drehung um 180 Grad, steht dabei einen Moment lang quer zur Strömung im Fluß und legt dann an der Schifflände an.

Diessenhofen besitzt in seinen gotischen Bürgerhäusern, dem Siegelturm und Teilen der mittelalterlichen Stadtbefestigung noch schöne Zeugnisse aus der Zeit als Reichsstadt im 15. Jahrhundert. Es lohnt sich das Schiff für eine Besichtigung zu verlassen und später weiterzufahren oder am Uferweg entlangzuwandern, denn schon bald nach Überqueren des Geisslibaches passiert der Wanderweg die hübsche Anlage des ehemaligen Klosters St. Katharinental. Weiter gelangt man ins Naturschutzgebiet Schaaren, dessen Rheinuferwege eine besonders schöne Flußidylle vermitteln. Lediglich im Frühsommer, bei Hochwasser, mag es sein, daß die Uferwege mancherorts überspült und daher nicht mehr passierbar sind – wie es mir und meiner Begleiterin einmal gegenüber dem Büsinger Ufer widerfahren ist. Während wir zunächst noch schauten, ob es durch das überflutete Schilf nicht doch noch einen Pfad gebe, trieb ein Dutzend Meter vom Ufer entfernt ein Waidling flußabwärts, in dem ein Herr und zwei Damen die Morgenstimmung auf dem Fluß genossen. Als sie wahrnahmen, daß wir wohl oder übel umkehren mußten, rief

*Brunnenfigur vor dem Diessenhofener »Siegelturm«.*

*Herbstlicher Blick von Gailinger Rebbergen hinüber zum ehemaligen Kloster St. Katharinental.*

eine der beiden Damen: »Taxi gefällig?« Und tatsächlich hob ihr Begleiter den Stachel aus dem Boot, brachte es damit in Ufernähe, um dann wieder flußaufwärts zu staken und vor uns anzulegen. Freundlich wurden wir eingeladen, zu ihnen ins Boot zu steigen und uns eine Weile auf dem Fluß mittreiben zu lassen. Es waren drei Schaffhauser, die in den frühen Morgenstunden die Uferstille auf dem Fluß zu einem außergewöhnlichen Frühstück genossen hatten und uns nun auf dem Weg in ihre Heimatstadt mitzunehmen bereit waren. Ein Angebot, daß wir wahrlich nicht ablehnen mochten ...

Auf dem Fluß an der Schifflände Schaffhausens anzukommen bietet einen überwältigenden Blick auf die Altstadt, deren Bild vom Kastell Munot beherrscht wird. Die trutzige Festungsanlage zeugt davon, daß die Stadt aus militärischer Sicht eigentlich an einer ungünstigen Stelle errichtet worden war: Die Kessellage machte eine Verteidigung in Kriegszeiten problematisch. Wegen der Lage an verschiedenen Verkehrswegen, die hier zusammentreffen, wie auch am schiffbaren Teil des Hochrheins, unmittelbar oberhalb des größten Wasserfalls, ließ hier dennoch eine blühende Stadt sich entwickeln. »Der Rheinfall bei Schaffhausen hat nicht nur den Namen dieser Stadt in aller Welt berühmt gemacht, sondern er ist es eigentlich, dem sie Entstehung und Blüte verdankt« erzählte Karl Simrock in seiner Huldigung des Rheins [25] vor über einem Jahrhundert. »Dies geschah nicht etwa durch den Besuch der Fremden, welche ein so einzigartiges Naturschauspiel zu betrachten zahlreich herbeieilen (...), sondern durch das natürliche Stapelrecht, das der Rheinfall zugunsten der Stadt, besser als es ein kaiserliches Privilegium vermöchte, begründet hat. Da kein Schiff ohne in tausend Stücke zu zertrümmern, den Rheinfall hinab kann, so müssen alle Güter, die aus dem Bodensee usw. hierhergelangen, oberhalb Schaffhausen ausgeladen, auf der Achse durch die Stadt geführt und unterhalb des Wasserfalls wieder an Bord genommen werden. Die großen Schiffe fahren daher nur bis nach Schaffhausen; kleinere, aus leichten Tannendielen – sogenannte Lauertannen – gezimmerte, werden wie ihre Ladung durch die Stadt, am Wasserfall vorbeigetragen und unterhalb desselben wieder auf den Strom gesetzt. Vermutlich lag hierin der Grund der ersten Ansiedlung, aus der Schaffhausen, dessen Name auch von Schiff oder dem lateinischen »scapha« (Kahn, Boot) abgeleitet wird, hervorging. Dabei könnte aber befremden, daß Schaffhausen eine gute Stun-

*Schaffhausen: Blick vom Munot zum Rhein.*

de oberhalb des Wasserfalls liegt; deshalb müssen wir des Umstands gedenken, daß schon vor der Stadt die Schiffahrt durch einen Felsendamm gehemmt wird, der bei niederem Wasserstand sichtbar hervorragt. Er besteht, gleich der Felswand und den Felszacken des Wasserfalls, aus Kalksteinen, was den Zusammenhang beider Steinmassen mit dem hier auslaufenden Juragebirge bestätigt. Die Volkssprache nennt die Felsen des Damms die Lächen.« Diese Lächen ermöglichten denn auch schon früh den Bau einer Brücke über den Fluß, deren Existenz

*In idyllischen Farben präsentiert sich der Hochrhein, bevor er sich über den »Großen Laufen«, den Rheinfall in Neuhausen, mit großem Getöse wieder in seine voreiszeitliche Stromrinne hinabstürzt.*

wesentlich war für die Blüte der mittelalterlichen Stadt.

Von der Schaffhauser Schifflände sind es nur noch wenige Kilometer bis Neuhausen, wo der Rhein auf einer Breite von 150 Metern über eine 23 Meter hohe Jurakalkstufe hinabstürzt: den »Großen Laufen«. Dem Wasserfall selbst wollen wir unbedingt etwas Zeit

widmen, hat man doch sehr schöne Ausblicke sowohl vom linksrheinischen Schloß Laufen, das nach der Stromstufe benannt ist, über der es thront wie ein Adler, als auch vom gegenüberliegenden Schloß Wörth. Auf jeden Fall lohnt es, sich mit dem Boot auf den großen Felsen übersetzen zu lassen, der inmitten des tosenden Wasserfalls der Wucht des Rheins trotzt. Zu Goethes Zeiten noch sollen fünf solcher Felsen den »Großen Laufen« überragt haben – zwei sind heute verblieben. Von den steilen Uferkanten um Neuhausen eingerahmt, faszinieren die aufsteigende Gischt, die uns die Feuchtigkeit atmen läßt, und der Blick in die hinabstürzenden Wassermassen, der einen schwindeln läßt. Mit Donnergetöse umströmt der Rhein die Felsen und stürzt sich hinab in das ihn erwartende, schäumende Becken, so daß der Eindruck entsteht, der Felsen, auf dem wir stehen, müßte jeden Moment mitgerissen werden.

Unterhalb des Rheinfalls besteigen wir erneut ein Boot, um die liebliche Strecke zwischen dem »Großen Laufen« und dem Städtchen Eglisau hinabzufahren. Auf nicht einmal zwanzig Kilometern macht der Fluß fünf größere Windungen, deren bekannteste die Doppelschleife bei Rheinau/Jestetten-Altenburg und das sogenannte Tössegg – die Ecke oder Schleife, in der die Töss in den Rhein einmündet – sind. »Saits

*Das Rheintal unterhalb von Neuhausen.*

und nimmt e Sprung« beschrieb J. P. Hebel [26] den Fall und die darauffolgende Strecke: »Jez bruttlet er abe go Rhinau; trümmlig isch em worde, doch chunnt er witer und witers.« Schon kurz unterhalb des Rheinfalls scheinen wir in eine Wildnis einzutauchen, da sich die wenigen Siedlungen überwiegend oben auf der Hochfläche befinden und wir kaum etwas von ihnen zu sehen bekommen, wohingegen beide Ufer des engen Hochrheins hier mit dichtem Wald bestanden sind. Scheinbar fernab der Zivilisation gleitet das Boot an natürlichen Laubwäldern vorbei und gelangt plötzlich, an der ersten Rheinauer Flußschleife, an ein gewaltiges Hindernis, das quer über den Strom liegt und den Weg versperrt: das Laufwasserkraftwerk Rheinau. Doch damit ist die Bootsfahrt keineswegs zu Ende. Rechterhand befindet sich eine Bootsrampe, an der es zunächst heißt: alle Mann von Bord. Während wir Passagiere am Ufer zu Fuß rund zweihundert Meter weit gehen, wird das Boot auf eine Art Unter-Wasser-Tieflader gefahren. Wie von Geisterhand bewegt, ruckt dieser an und wird auf Schienen über die Dammkrone gezogen. All dies passiert scheinbar unvermittelt, und nur eine Kamera, die oberhalb des Dammes angebracht ist, verrät, daß

*An den Stauwehren der Rheinauer Laufwasserkraftwerke werden Ausflugsboote über Rampen auf die andere Seite der Wehrmauern befördert.*

*Die Abteikirche des früheren Klosters Rheinau.*

dies ferngesteuert geschieht. Auf der anderen Seite bewegt sich das Gefährt eine zweite Rampe hinunter und setzt unser Boot wieder sicher ins Wasser.

Kaum daß wir das Boot bestiegen haben und wieder losgetuckert sind, kommen schon die rotgedeckten Türme der einstigen Benediktinerabtei Rheinau in Sicht. Sie steht auf einer Insel in der großen S-Schleife des Rheins, die auch den daran anschließenden kleinen Ort fast völlig umschließt: an der engsten Stelle der in die Flußschleife ragenden Halbinsel sind es nur 350 Meter vom einen Ufer ans andere. Gegründet wurde das Kloster schon im Jahre 778. Es kam zu Anfang des 14. Jahrhunderts unter die Fittiche der Habsburger, die ab 1290 die Oberstadt von Rheinau anlegten. Die Vogtei ging ihnen 1455 wieder verloren, als sich die Abtei unter den Schutz der Eidgenossen stellte. 1862 wurde das Kloster aufgehoben und seine Baulichkeiten für eine Heil- und Pflegeanstalt hergerichtet. Allein die spätgotische Abteikirche, die noch zu Anfang des 18. Jahrhunderts nach einem Entwurf von Franz Beer und unter Mitwirkung des berühmten Barockbaumeisters Peter Thumb erweitert worden war, ist Pfarrkirche geblieben und gehört heute zu

*Rheinau: Blick zu der auf einer Insel in der Rheinschleife gelegenen einstigen Benediktinerabtei Rheinau.*

*Das prächtige, geschmiedete Chorgitter der Rheinauer Klosterkirche.*

den meistbesuchten Kirchenkleinodien der Umgebung. Über die prunkvolle barocke Ausstattung mit den Deckenfresken, dem Hochaltar, Chorgestühl und prächtigem Chorgitter sowie der großen Orgel scheinen die als Windfahne auf der Spitze der beiden Türme stehenden Posaunenengel zu jubilieren.

Unmittelbar hinter den Klostergebäuden Rheinaus setzt die zweite Rheinschleife an und führt uns im weiten Bogen um die sommerlichen Rapsfelder des Ortes und schließlich unter der hübschen holzgedeckten Brücke hindurch, die das schweizerische mit dem deutschen Ufer verbindet. Danach strömt der Fluß geradewegs südwärts, mit Macht, aber ruhig, bis er – noch immer inmitten herrlicher Wälder – die Thur zu seiner Linken aufnimmt. Mit vereinten Wassern strömen sie durch fruchtbares Ackerland, nur um schon kurz darauf wieder in eine enge Schlucht gezwängt zu werden, die rechter Hand von den Rüdlinger Weinbergen angekündigt wird. Ihnen gegenüber thront der Berg Irchel mehr als dreihundert Meter hoch über dem Rhein und nimmt seine steilen Hänge erst bei der Einmündung der Töss zurück. Hier bringen wir die letzte große Rheinschleife hinter uns und gehen im hübschen Städtchen Eglisau an Land.

Eglisau, einst wichtiger Warenumschlagplatz am Rhein, wurde 892 erstmals urkundlich erwähnt. Nachdem es 1238 unter die Herrschaft derer von Tengen gekommen war, folgten nacheinander der Bau der Brücke im Jahr 1249, fünf Jahre später wurde das Städtchen mit Toren und Mauern befestigt. Seine regelmäßige Stadtanlage als längliches Rechteck mit zwei Straßenzügen geht auf diese Zeit zurück. Die Herren von Tengen hatten ihren Sitz im ehemaligen Schloß auf dem Südufer, von wo aus ab 1496 die Zürcher Vögte drei Jahrhunderte lang regierten. Ein Jahr bevor in der Grafschaft Lupfen im Klettgau der Bauernkrieg ausbrach, 1523, nahmen der Bildersturm und die eidgenössische Reformation hier in Eglisau ihren Anfang.

Von Eglisau stromabwärts gibt es vorerst keinen Passagierverkehr zu Wasser, weshalb wir auf Schusters Rappen umsatteln – was sich natürlich auf dem ganzen Stück zwischen Untersee und Eglisau gelohnt hätte. Nach einem letzten Blick über die Altstadt-Häuserzeile Eglisaus von der Brücke aus, wandern wir am linken Ufer stromabwärts, wo wir nach etwa vier Kilometern in Rheinsfelden anlangen, wo die Glatt in den Hochrhein mündet. Diese Umgebung mit dem Bauerndorf Glattfelden

*Die dreieckige Stadtanlage des schweizerischen Städtchens Kaiserstuhl geht auf das 13. Jahrhundert zurück.*

*Rötteln, die Burg Rotwasserstelz, bewachte in alter Zeit den wichtigen Rheinübergang bei Kaiserstuhl.*

und den bewaldeten steilen Hügeln, die den Fluß um nahezu zweihundert Meter überragen, ist die Heimat des Dichters Gottfried Keller, durch dessen Novelle »Der Landvogt von Greifensee«, der letzte Landvogt der Zürcher Vogtei zu Eglisau, Salomon Landolt, bekannt geworden war.

Bald schon erreichen wir Kaiserstuhl, das schweizerische Städtchen, das nichts mit der gleichnamigen Vulkanruine im Oberrheintal zu tun hat. Die eigenartige dreieckige Stadtanlage Kaiserstuhls mit dem dreißig Meter über dem Rheinufer thronenden Oberen Turm stammt aus dem 13. Jahrhundert. Es war als Brückenort gegründet worden, um den Verkehr ins beidseitige Hinterland des Rheins mit dem Wasserweg zu verknüpfen. Die einstmals gedeckte Holzbrücke ist längst moderneren Bauten gewichen, doch auf ihrem Mittelpfeiler wacht noch immer der Brückenheilige Nepomuk, der von den Gläubigen bei Hochwasser angerufen wird, über die Wasser des Rheins. Gegenüber dem Städtchen liegt Rötteln, die kleine Festung Rotwasserstelz, die den Brückenübergang von der Nordseite her zu beschützen hatte. Deren Turm besitzt drei Meter dicke Grundmauern, die solch hohes Mauerwerk tragen, daß von ihm aus dereinst sogar die oberhalb der Uferterrassenkante entlangführende Straße bewacht werden konnte. Von hier zieht sich, überwiegend am bewaldeten Rheinufer entlang, ein schöner Wanderweg hinunter zur Ruine Weißwasserstelz, deren alte Festungsmauern von Büschen und Bäumen überwuchert zu Entdeckungstouren einladen. Eine kleine Lücke zwischen den Laubbäumen mag – vor allem im Winter – den Blick freigeben zu den Fundamenten der einst gegenüber auf einer kleinen Insel thronenden Burg Schwarzwasserstelz. Durch Gottfried Kellers »Hadlaub« verewigt, ist die bis 1870 intakte Burg nach dem Ver-

*Rheinuferweg zwischen Weißwasserstelz und Hohentengen.*

*Ruine Weißwasserstelz.*

*Die Küssaburg war mit ihren Ringmauern, dem Torturm und den mächtigen Bollwerken eine der stärksten Festungen im ausgehenden 16. Jahrhundert.*

kauf an die SBB abgebrochen und als Gleisschotter verwendet worden. All diese Festungen wachten in alter Zeit über den Rheinhandel, bis sie 1753 aufgegeben wurden.

Hier wollen wir das idyllische Rheinufer für eine Weile verlassen und einen Weg bergauf einschlagen. Am Eichbühlerhof führt ein Sträßchen hinauf zum Dorf Küßnach, und auf halbem Weg gibt die offene Acker- und Obstwiesenlandschaft den Blick frei über das Rheintal – bis hin zum Oberen Tor des Städtchens Kaiserstuhl im Hintergrund. All das wird umrahmt von einer Vielzahl bewaldeter Bergrücken, die den Horizont stufenartig untergliedern. Vom Parkplatz auf dem Bergsattel führen verschiedene Wege hinauf zum Küssabergweg, der uns zu den eindrucksvollen Ruinen der einst mächtigsten Festung der Umgebung bringt.

Auf einem 300 Meter über dem Rhein und dem Wutachtal thronenden Berg errichteten die mittelalterlichen Herren von Küssenberg ihre Burg, die 1177 als Grafen zu einem der mächtigsten Geschlechter des umgebenden Klettgaus wurden. 1245 verkaufte der letzte, kinderlose Graf die Festung an den Bischof von Konstanz, 1497 übernahmen sie die Grafen von Sulz. Nach der Belagerung im Schweizerkrieg 1499 und bedrohlichen Kämpfen 1524 im Bauernkrieg wurde die Küssaburg zur Landesfestung ausgebaut, indem sie mit zwei Ringmauern, Torturm und Bollwerken versehen wurde. Deren dreieinhalb Meter dicke Mauern stellten damals die wohl modernste Geschützabwehr dar. Im Jahr 1634 durch Feuer zerstört, verfiel die Küssaburg im Lauf der Jahrhunderte, doch bieten ihre eindrucksvollen Ruinen ein ausgezeichnetes Panorama des südlichen Klettgaus.

Eine Weile noch folgen wir dem Höhenweg, der Ausblicke nach Norden ins Wutachtal bietet. Sobald aber dort die Gemeinde Lauchringen zu unseren Füßen liegt, begeben wir uns über den Bergsattel und steigen nach Kadelburg hinunter, wo eine Personenfähre über den Rhein die Verbindung zum schweizerischen Ufer herstellt. Dort geht es weiter stromabwärts, vorbei am schäumenden Wasser des kleinen »Laufen« (Stromschnellen) zwischen dem Laubberg und dem Dorf Ettikon. Dort legt sich ein Felsendamm von einem Ufer zum andern, weshalb das Wasser sehr unruhig wird. Nur in der Mitte soll er eine Lücke haben, durch die in der alten Zeit die Schiffer ihre Waidlinge hindurchführten – jene kleinen, aus Tannendielen gezimmerten Lastkähne. In regenarmen Jahren soll sich dort der ganze Strom hindurchgezwängt haben, so daß man mittels übergelegter Bretter trockenen Fußes von einem Ufer ans

*Stromschnellen des Rheins: der Koblenzer »Laufen« bei Ettikon.*

*Waldshuter Innenstadt.*

andere gelangen konnte. Bei Hochwasser dagegen war jede Schiffahrt unmöglich, weshalb früher im etwas flußaufwärts gelegenen Zurzach aufs Land umgeladen wurde.

Auch auf der deutschen Rheinseite wäre es schön zu wandern, wenn eine Brücke über die Wutachmündung führte. Da dies jedoch nicht der Fall ist, muß der Wanderer zur etwas oberhalb gelegenen Autobrücke zurückgehen – und von dort bis ins etwa vier Kilometer entfernte Waldshut bliebe uns vorerst nichts anderes übrig, als entlang der sehr verkehrsreichen und lauten Bundesstraße B34 zu bleiben. Am linken Rheinufer aber ergibt sich nach dem Laufen die Möglichkeit, in Koblenz auf die deutsche Seite überzuwechseln oder über die Aare-Mündung bis zum Fährboot in Full-Jüppen zu wandern. Von dort sind gelegentlich Rheinrundfahrten zwischen Dogern und der Aaremündung möglich, auch lohnt sich ein Abstecher in die Waldshuter Altstadt, was wieder einmal die Überquerung der hier im Hochrhein liegenden Staatsgrenze bedeutet. Das müßte nicht unbedingt sein, wie wir einer alten Beschreibung aus dem 19. Jahrhundert entnehmen können: »Wenige Orte des badischen Oberlandes sind von solch geschichtlicher Wichtigkeit wie Waldshut, das einst nahe daran war, sich dem Schweizerbund anzuschließen und mit dem hauensteinischen Lande alle Elemente in sich trug, die zu einem Freistaat nothwendig sind.« [27]

Im Abschnitt zwischen Waldshut und Albbruck weitet sich das Rheintal wieder etwas, so daß die Ufer des Flusses überwiegend von Siedlungen und Feldern eingenommen werden, in deren Mitte das Kernkraftwerk Leibstadt zu thronen scheint. Nach alten Plänen sollte hier einmal ein großer Rheinhafen entstehen, der die Ostschweiz und die verkehrsmäßig ungünstig gelegenen Orte des Kreises Waldshut über einen gewalttätig regulierten Hochrhein an den Oberrhein und damit ans Meer im Norden angebunden hätte. Daß dies nicht geschehen ist und die Landschaft nicht endgültig ruiniert hat, tröstet uns darüber hinweg, daß wir auch hier noch nicht wieder die Möglichkeit haben, ein Passagierschiff zu besteigen. Wir folgen den Wassern des seit der Einmündung der Aare erwachsen gewordenen Rheins, vorbei am Naturdenkmal Kiesenbacher Felsen, auf dem südlichen Hochrheinufer zwischen Leibstadt und Schwaderloch, und gelangen nach Laufenburg, dem *einen* Städtchen, das in *zwei* Staaten zu liegen kommt.

Wenn wir unsere Wanderung allerdings zeitlich günstig geplant haben

*Laufenburg, das Städtchen zu beiden Rheinufern, welches seit 1803/1805 als »Doppelstadt« je zur Hälfte dem deutschen Baden und dem schweizerischen Aargau zugehört.*

*Rhein vor Hauenstein, der bis 1971 »kleinsten Stadt Deutschlands«.*

sollten, können wir beim Elektrizitätswerk Albbruck über den Rhein aufs Nordufer wechseln, um im drei Kilometer flußabwärts gelegenen Hauenstein das Ausflugsboot zu erwischen, das manchmal nachmittags von Obersäckingen aus den Fluß bis hier hinauf fährt und wieder zurück. Es lohnt sich, etwas früher anzukommen, damit wir noch den steil zum Rhein hin abfallenden Felsen hinaufsteigen können, auf dem die Ruinen der Burg Hauenstein über der Engstelle des Rheins thronen. An dem einstigen Rheinübergang hatte sich seit dem 13. Jahrhundert eine habsburgische Herrschaft entwickelt (1272 Habsburg-Laufenburg), die 1317 die österreichischen Stadtrechte verliehen bekam. Auf der Burg nahmen die Vögte ihren Sitz, bis sie 1503 nach einem Brand aufgegeben wurde. Von ihren Ruinen genießen wir den herrlichen Blick übers Rheintal in beiden Richtungen.

Am Ufer der bis 1971 kleinsten Stadt Deutschlands (ein Ruf, den allerdings auch das heute zu Tengen im Hegau gehörende Blumenfeld für sich reklamiert) besteigen wir anschließend das nun flußabwärts fahrende Ausflugsboot und genießen es, wie nach den Wäldern und Feldern der beiden Rheinufer die malerische mittelalterliche Häuserfassade der »Doppelstadt« Laufenburg an uns vorüberzieht. Heute zwei Staaten zugehörig, war sie in den sechseinhalb Jahrhunderten seit der Stadtgründung immer eine Einheit gewesen, bis das immer schon etwas bedeutendere, auf dem Südufer liegende Laufenburg 1803 dem schweizerischen Kanton Aargau und das rechtsrheinische Laufenburg 1805 dem Großherzogtum Baden zugeschlagen wurden. Seither mußten sich die Menschen daran gewöhnen, zu beiden Seiten der den hier nur zwölf Meter breiten Rhein überspannenden Brücke, sozusagen mitten in der Stadt, von Zöllnern kontrolliert zu werden. Die einstigen Stromschnellen, die hier im Stauwasser des Kraftwerks verschwunden sind, boten in alter Zeit der Schiffahrt ein wesentliches, aber nicht unüberwindliches Hindernis, wie wir bei Pflüger [28] lesen: »Schon in der Entfernung einer Stunde vernimmt man bei heiter stillem Wetter das ferne Donnern der schäumenden Wogen. Alle mit Waaren beladenen Schiffe müssen oberhalb des ›Laufens‹ ausgeladen und an starken Seilen längs dem Ufer hinuntergelassen werden. Doch hat auch schon dann und wann ein kühner Schiffer die Fahrt selbst versucht, die aber mit der größten Lebensgefahr verbunden und nicht immer geglückt ist ...«

*Die gedeckte Holzbrücke, die Bad Säckingen mit dem schweizerischen Ufer verbindet, gilt als die schönste unter den Hochrheinbrücken.*

stadt wechseln wir wieder auf das linksrheinische Ufer. Rund einen Kilometer gegen den Strom liegt die Ruine Riburg auf dem Südufer, flußabwärts dagegen gelangen wir auf dem Rheinuferweg nach einer Stunde direkt in die Altstadt des schweizerischen Rheinfelden.

Das heute vielbesuchte Solbad Rheinfelden (Schweiz) ist 1130 von den Zähringern dort gegründet worden, wo eine Insel (der »Stein«) im Fluß und ein Uferfelsen die Wacht über einen Flußübergang geradezu herausforderten. Mindestens seit 1275 existierte hier eine Brücke über den Rhein. 1218 erhielt der Brückenkopf das Stadtrecht. Der im 15. Jahrhundert (1448) an Österreich gehende Ort wurde 1802 für eine kurze Zeit Hauptort eines Kantons Fricktal, als der Rhein zur Landesgrenze wurde. Das rechtsrheinische Gebiet Rheinfeldens kam an Baden, was für die auf dem Südufer liegende Stadt den Verlust eines bedeutenden Teils ihres Hinterlandes bedeutete: ein großer Teil des Ackerlandes war damit verlorengegangen. Zudem geriet die Stadt nach dem Niedergang der Rheinschifffahrt verkehrsmäßig ins Abseits, da die Landstraße nach Zürich weiter südlich vorbeiführte. Mit dem Beginn der Salzgewinnung (1844) entwickelte sich der Bädertourismus, der sich zunächst auf einige zwischen der im Nordosten der Stadt gelegenen Saline und der Kern-

*Blick in Rheinfeldens (CH) Marktgasse.*

*Der Obertorturm ist ein Teil der mittelalterlichen Stadtbefestigung des schweizerischen Rheinfelden.*

*Das Basler Rheinknie.*

stadt angesiedelten Badegasthöfe beschränkte. Später breiteten diese sich auch bis ins Zentrum aus. Von der einstigen Befestigung der alten Reichsstadt sind heute noch mehrere Türme und Teile des Mauergürtels erhalten, der einen malerischen Altstadtkern umschließt.

Ab Rheinfelden können wieder größere Schiffe auf dem Rhein verkehren. Von hier fahren Frachtschiffe über Basel in den Oberrhein, durch das Rheinische Schiefergebirge und den Niederrhein bis nach Holland ans Meer. Ein Linienschiff, das wir am schweizerischen Ufer in Rheinfelden bestiegen haben, läßt unsere Flußreise auf dem Hochrhein von Stein am Rhein bis Basel ausklingen. Beim Ablegen von der Schifflände blicken wir zur Insel, auf der die ehemalige Burg Stein stand. Im Hochmittelalter war sie eine der stärksten Festungen, der zuweilen gar die Reichskleinodien anvertraut wurden. Nach überstandener Belagerung und französischer Besetzung im Dreißigjährigen Krieg wurde die Burg während des österreichischen Erbfolgekrieges (1741-48) völlig zerschossen. Auf alten Stichen gleicht das ganze Gebiet, das heute vom erst nach dem Kraftwerksbau entstandenen badischen Industriestädtchen Rheinfelden eingenommen wird, einem einzigen großen Heerlager [32].

Die offenere Rheintal-Landschaft um Kaiseraugst, Grenzach-Wyhlen und Plattern verengt sich noch ein letztes Mal bei Birsfelden, wo der Fluß endgültig die ihm vom schweizerischen Jura und dem Dinkelberg gebotenen Widerstände bricht und am Grenzacher Horn vorbei majestätisch in der Bischofsstadt Basel Einzug hält. In Ruhe durchströmt er die Stadt, wendet sich nach Norden und beginnt seinen neuen Laufabschnitt in der Oberrheinischen Tiefebene.

Daß der Hochrhein zwar nicht auf seinem ganzen, aber doch großen Teil seines Laufes die Grenze zwischen Deutschland und der Schweiz bildet, ist aus den Landkarten ersichtlich. Aber daß er durchs Herz von landschaftlichen und kulturgeschichtlichen Einheiten fließt und sie mehr eint als trennt, das haben wir auf unserer Flußreise erfahren: gleichen sich doch die mittelalterlichen Städtebilder beidseits der Grenze, Ortsnamen wiederholen sich links- wie rechtsrheinisch (Rekingen/Reckingen, Laufenburg, Wallbach, Rheinfelden) und das Aargauer Haus steht dem Typ der Häuser im Hotzenwald sehr nahe [33]. Von den Beziehungen der Menschen hüben und drüben brauchen wir gar nicht extra zu reden ...

*Das Aargauer Strohdachhaus, hier im Freilichtmuseum in Muhen bei Aarau, zeigt eine sehr enge Verwandtschaft mit den Hotzenwälder Bauernhäusern. Der Hotzenwald wurde ja von Süden her gerodet, weshalb der Hausbaustil dem der südalemannischen Stämme entspricht.*

*Unten: Das alte Salpetererhaus in Buch*

# Mit em Bähnli de Rhy duruuf

**Flußaufwärts am rechten Ufer**

Basel ist in vieler Hinsicht ein Sonderfall unter den Schweizer Städten – ist es doch nicht an einem der vielen Seen, sondern an einem großen, vom Meer her bis hierhin schiffbaren Strom gelegen. Auch bietet die von Vogesen, Schwarzwald und Jura eingerahmte Stadt nicht das »gewohnte« Alpenpanorama – ein ferner Blick auf jene typischen schweizerischen Berge ist allenfalls von St. Chrischona zu erhaschen, mit 523 Höhenmetern Basels höchstem Punkt. Von drei Seiten von deutschem Staatsgebiet umrahmt, gehört er zu den südwestlichen Ausläufern des Dinkelberges, und liegt näher zum Lörracher als zum Basler Stadtzentrum. So scheinen ohnehin manche deutschen und französischen Nachbarorte der schweizerischen Stadt schon Vororte der großen eidgenössischen Schwester geworden zu sein, deren Wirkungsbereich weit über die Landesgrenzen hinausreicht: das Musterbeispiel einer auf dem Dreiländereck plazierten trinationalen »Regio-Stadt«.

Als Basilia wurde die römische Siedlung beim Besuch des Cäsaren Valentinian I. im Jahre 374 n.Chr. erstmals genannt. Schon damals Bischofssitz wuchs der Einfluß stetig, auch als es im 10. Jahrhundert an Burgund und 1033 ans Deutsche Reich ging. Wenig mehr als ein Jahrzehnt nach dem »Basler

*Basel: Kreuzgänge des Münsters.*

Konzil«, das von 1431 bis 1449 am Rheinknie tagte, gründete Papst Pius II. die Alma mater (1460) – die älteste Universität der Schweiz. Das schon unter dem deutschen Kaiser Heinrich II. zur freien Reichsstadt gewordene Basel schloß sich 1501 dem Eidgenössischen Bund an, der nach Ende des Dreißigjährigen Krieges auf dem Westfälischen Friedenskongreß (1648) völkerrechtlich anerkannt wurde – und zwar im wesentlichen durch den Einsatz des damaligen Basler Stadtherren Johann Rudolf Wettstein.

Es wäre vermessen, hier in Kürze die bedeutendsten und glanzvollsten Sehenswürdigkeiten der zweitgrößten schweizerischen Stadt aufführen zu wollen, da es weder Basel gerecht werden noch im Rahmen unseres Themas »Hochrhein« bleiben würde. Freilich muß ich jedem Reisenden, der hier mit dem Schiff oder der Bahn ankommt, raten, reichlich Zeit einzuplanen, um durch die Altstadtstraßen zu schlendern, sich auf dem Marktplatz und in den malerischen Gassen ein wenig zu verlieren und nicht nur die großen »Highlights« zu besuchen: wie das in seinen ältesten Bauteilen tausend Jahre zurückreichende Münster, die schönen mittelalterlichen Stadttore, das prächtige gotisch-burgundische Rathaus und die zahlreichen ausgezeichneten Museen.

Nirgendwo sonst am Hochrhein zeigt sich die Verbundenheit der beiden Rheinufer so deutlich wie in Basel: auf der kurzen Strecke vom Eintritt in die alte Münsterstadt bis zum oberrheinischen Dreiländereck, bis dort, wo die französische Grenze zum ersten Mal vom Rhein bespült wird, überspannen sechs Brücken den Fluß und verbinden vier Fähren die beiden Basler Ufer. Nachdem wir ausgiebigst den Rundblick von einem der beiden Münstertürme über die Stadt und das Rheinknie genossen haben, wo die Wasser, auf denen wir vom Ende des Bodensees mit Unterbrechungen bis hierher geschwommen waren, ihrer Westrichtung untreu werden und gen Norden entschwinden, wollen wir unseren Sinn wieder dem Hochrhein zuwenden und mit der Bahn auf dem Nordufer zurückfahren: freilich nicht, ohne diese landschaftlich überaus abwechslungsreiche Fahrt gelegentlich zu unterbrechen und mit Abstechern ins Hinterland zu verbinden.

Für unseren ersten Ausflug ins weitere Hinterland müssen wir zunächst zum Badischen Bahnhof nach Kleinbasel hinüberwechseln. Was wäre angemessener als den Fluß mit einer der drei Hochseilfähren, welche die schönen Namen »Wilde Maa«, »Leu« und »Vogel Gryff« tragen, zu überqueren und dies mit einem Spaziergang an der Uferpromenade des Oberen Rheinwegs zu verbinden? Die Ausblicke hinüber zum Münster (Rheinfähre »Leu«) und der Altstadt insgesamt genießen wir bis zum Unteren Rheinweg, wo wir in der Nähe des im ehemaligen Frauenkloster Klingental (Rheinfähre »Vogel Gryff«) untergebrachten Stadt- und Münstermuseums eine Tram zum Badischen Bahnhof besteigen wollen.

*Basler Münster.*

Die Züge ins Wiesental fahren – unter der Woche – fast alle halbe Stunde vom Basler Badischen Bahnhof ab: eine treffliche Voraussetzung, einige der sehenswertesten Plätze in diesem dem Rhein geschenkten Schwarzwaldtal zu besuchen. Die Wiesental-Bahn führt über Lörrach zu Füßen der mächtigen Burgruine Rötteln vorbei, folgt dem Flüßchen Wiese über Steinen nach Schopfheim, um in Zell im Wiesental zu enden. Um an die Bahnlinie des Hochrhein-Tals zurückzukommen, müssen wir nicht unbedingt nach Basel zurückfahren, da es von Schopfheim Busverbindungen nach Rheinfelden und Bad Säckingen gibt. Nur wenig im Osten Schopfheims liegt – wenn man Glück und es in der Zeit zuvor viel geregnet hat – der Eichener See, ein Dolinensee im Karstgebiet des Dinkelberges. Der bis zu 220 Meter lange, an die hundert Meter breite und maximal dreieinhalb Meter tiefe See füllt sich nur nach stärkeren Niederschlägen, da er vom unterirdischen Karstwasserspiegel abhängt. Manchmal bleibt seine Seefläche nur wenige Tage, zuweilen aber auch mehrere Monate lang sichtbar. Es kann jedoch vorkommen, daß er sich über Jahre hinweg nur als »grüne Wiese« und nicht als Gewässer präsentiert.

Noch einmal drei Kilometer weiter in Richtung Wehr und Bad Säckingen finden wir in der Erdmannshöhle bei Hasel ein weiteres Beispiel von Karstmorpholgie. Sie ist mit mehr als drei Kilometern erforschten Gängen die längste und zweitgrößte Tropfsteinhöhle

*Ruinen der Burg Rötteln, die hoch über Lörrach-Haagen thront.*

Deutschlands, davon sind 560 Meter begehbar. Über ein Dutzend Meter unterhalb des Höhleneingangs fließt zwischen meist gelblich-weißen Tropfsteinformationen ein Höhlenbach durch die unterirdische Welt und murmelt uns zu, ihm zu folgen. Da die Erdmannshöhle schon im 13. Jahrhundert bekannt war (1271 urkundlich erwähnt), verwundern die fantasievollen Namen der unterirdischen Hallen mit ihren bizarren Felsvorhängen nicht. Da gibt es einen »Rittersaal« und »Zaubergarten« ebenso wie ein »Fürstengrab« oder den »Turmbau zu Babel«. In ihr wohnten dereinst die Erdmännlein und Erdweiblein, die der Sage zufolge durch menschliche List und Undankbarkeit für immer verschwunden sind (siehe Kapitel »Sagen«).

Uns aber interessiert vor allem die hoch droben über der Wiese thronende Burgruine Rötteln, die weithin sichtbar aus dem Wald ragt. In Lörrach-Haagen aus dem Zug gestiegen, ist noch eine knappe halbe Stunde zu laufen, bis man den Eingang zur Vorburg erreicht. Durstig-Gewordene lädt schon

*Wasserschloß in Inzlingen.*

gleich die Burgschenke zum Umtrunk ein, aber wir erstürmen tapfer die Zugbrücke zur Oberburg, über welcher der Turm »Giller« drohend steht, um alle Feindseligen abzuwehren. Während in der Vorburg die Wirtschaftsgebäude, Stallungen, Speicher und die Landschreiberei untergebracht waren, barg die Oberburg die Wohnung des Burgvogtes, den Weinkeller, Gefängnisse in den Türmen und natürlich den Palas der Burgherren: vom 10. bis ins 14. Jahrhundert die freien Herren von Rötteln, denen die Markgrafen zu Hachberg, Herren zu Rötteln und Sausenburg nachfolgten. Die Festung überstand eine Basler Belagerung (1333), die Einnahme durch aufständische Bauern im Bauernkrieg (1525), ja selbst den Dreißigjährigen Krieg, wenngleich nicht ganz ohne Schäden (1638). Die Zerstörungen, welche die heutigen Ruinen hinterlassen haben, stammen von 1678, als die Burg von den ins Oberrheingebiet eingefallenen Franzosen drei Tage lang beschossen und nach der Kapitulation niedergebrannt wurde. Einen Eindruck von der Pracht der einstigen Burg gibt uns das Modell, das ein Mitglied des Röttelnbundes in Haagen erstellt und in dem kleinen Museum im Eintrittsgebäude ausgestellt hat.

Von Lörrach lohnt sich ein weiterer Abstecher, diesmal Richtung Südosten, wo an der Straße nach Grenzach-Wyhlen das Inzlinger Wasserschloß zum Besuch auffordert. Die aus dem 15. Jahrhundert stammende Burg des Basler Rittergeschlechts Reich von Reichenstein birgt das Rathaus Inzlingens. Feinschmecker seien jedoch vorgewarnt, denn wer zur Essenszeit dort anlangt, den werden die feinen Küchendüfte im darin untergebrachten Restaurant verlocken, sich im Angesicht des hübsch im Grünen inmitten einer gepflegten Teichanlage gelegenen Wasserschlosses niederzusetzen und sich eines der köstlichen Fischgerichte schmecken zu lassen. So gestärkt wäre es natürlich vernünftig, die überschüssigen Kalorien mittels einer Wanderung über den Panoramablick am Südhang des Bergkopfs (507 m Ü.M.) auf der Gemarkung Mittelstunden bis Grenzach-Wyhlen wieder abzulaufen ...

Vom Bahnhof Wyhlen gelangen wir per Bahn über Rheinfelden, wo wir auf unserer Flußreise das Schiff nach Basel bestiegen hatten, bis Beuggen, dem Schloß der ehemaligen Deutschordenskommenden. Das Ordenshaus des geistlichen deutschen Ritterordens ist 1246-1268 als ummauerte Burganlage auf dem rechtsrheinischen Ufer erbaut und durch einen vom Rhein abgeleiteten Wassergraben zusätzlich geschützt

*Die mächtigen Außenmauern des Schlosses Beuggen, dem Ordenshaus des geistlichen deutschen Ritterordens.*
*»Fischergalgen« am Rheinufer im Möhliner Forst.*

worden. Die äußerst gepflegte Anlage lädt zum Verweilen ein, und wenige Schritte bringen uns ans Rheinufer. Dort können wir einen jener »Fischergalgen«, die am Hochrhein besonders unterhalb Bad Säckingens üblich sind, aus der Nähe betrachten. An einem kranähnlich konstruierten, rund zehn Meter weit ausladenden Dreharm kann ein quadratisches Fischnetz ins Wasser gelassen und zum Fangen schnell wieder aus dem Wasser gehoben werden. Von der Plattform dieses Fischergalgens öffnet sich auch ein idyllischer Blick über die grüne Flußlandschaft.

Weiter geht die Zugfahrt von Beuggen über Schwörstadt nach Bad Säckingen. Andere Ausflugsziele liegen links und rechts neben den Gleisen der Bahn: einen Kilometer weiter schon die Tschamberhöhle, nach der doppelten Strecke die Nagelfluhhöhle bei Riedmatt, eine ehemalige Villa rustica (römischer Gutshof) knapp zwei Kilometer vor Schwörstadt, dessen Schloß Schönau über dem Nordufer des Rheins thront. Dort in der Nähe eines steinzeitlichen Lagerplatzes findet sich auch der »Heidenfelsen«, ein Monolith aus dem Neolithikum.

Beim heutigen Bad Säckingen flossen früher zwei Rheinarme um eine Insel, über die wahrscheinlich schon zur Römerzeit eine Brücke führte. Im siebten Jahrhundert war auf dieser Insel ein Kloster gegründet worden: in die »erste Pflanzstadt des Christentums am Oberrhein ... kam im [6. Jahrhundert] der Irländer Fridolin hierher, gründete daselbst eine Kapelle und stiftete ein

Manns- und Frauenkloster, das später in ein Collegiat und adliges Frauenstift umgewandelt wurde« [34]. In karolingischer Zeit kam eine Pfalz dazu, um die sich die Inselstadt Säckingen entwickelte. Seit der rechte Rheinarm 1830 zugeschüttet worden war, konnte sich die Stadt weiter nach Norden und Westen ausbreiten. Die Verbindung zum schweizerischen Ufer stellt die schöne, 210 Meter lange Holzbrücke her, unter der wir schon bei unserer Ausflugsfahrt auf dem Rhein von der Säckinger Altstadt bis Schwörstadt hindurchgefahren waren. Immer wieder hatten Flutschäden Neubauten (zuletzt um 1800) und Reparaturarbeiten (1990) erforderlich gemacht. Die heutige Gestalt der mit sieben Hängewerkskonstruktionen ausgestatteten Brücke geht mindestens auf das 16. Jahrhundert zurück. An der Rheinuferpromenade in ihrer Nähe läßt sich das mittelalterliche Flair Bad Säckingens am ehesten atmen, finden sich doch im Gallusturm und Diebesturm noch Reste der alten Stadtbefestigung. Nicht auslassen dürfen wir einen Besuch im gotischen St.-Fridolins-Münster und natürlich das sogenannte »Trompeterschlößle«, in dessen Schloßpark wir über das berühmte Versepos »Der Trompeter von Säckingen« des Dichters Victor von Scheffel sinnieren.

*Treppenaufgang zum »Trompeterschlößchen« in Bad Säckingen.*

*Bad Säckingen: Blick zu den Türmen des Münsters St. Fridolin.*

Das Hinterland der Stadt hat den hübschen Bergsee am Fuß des 492 m hohen Röthekopfs zu bieten, von dessen Felsen ein Rundblick über Säckingens Umgebung möglich ist. Noch einige Kilometer weiter hinauf in den Hotzenwald trifft man im Wald östlich von Wehr (beim Klingelfelsen) auf die Reste einer Wallmauer. Südlich der Wehraschlucht thront im Wald die Ruine Bärenfels, während das Städtchen Wehr mit der Burgruine Werrach aufwartet. Wo sich rund drei Kilometer nordöstlich von Bad Säckingen der Blick ins Rheintal eröffnet, liegt der sagenumwobene Totenbühl.

Weiter bringt uns die Bahn nach Murg, das an der Mündung des gleichnamigen Flüßchens liegt. Über dessen Durchbruchsschlucht durch den Felsriegel des südlichen Hotzenwaldes erheben sich die Ruinen der Burg Wieladingen und der »Heidenschmiede«. Einen romantischen Blick über den Rhein gewährt ein Aussichtspunkt auf der Gemarkung Rheinsberg, zwei Kilometer westlich von Murg.

Auch das entzückende Städtchen Laufenburg, das wir als nächstes erreichen, gehört zu den Waldstädten, die aus der Rheinschiffahrt und dem Handel erwachsen sind. In der engen Schlucht zwischen dem schweizerischen und dem deutschen Laufenburg stürzte der Fluß früher über den zweiten großen Wasserfall am Hochrhein in die Tiefe, der als der »Kleine Laufen« seinem größeren Bruder in Neuhausen bei Schaffhausen wohl an Größe, nicht aber an Schönheit nachstand. So manch alter Stich, der davon zeugt, läßt Wehmut erwachsen bei dem Gedanken, daß die Stromschnellen dem technischen Fortschritt zum Opfer fielen. Die alte Schiffahrt hatten sie nicht völlig behindert, denn es wurden nur die Schiffe ausgeladen und anschließend von den sogenannten »Louffenknechten« (später kurz »Löffen« genannt [35]) an Seilen hinabgelassen. Die von den »Karrern« auf dem Land hinabtransportierte Fracht wurde dann unterhalb des »Kleinen Laufen« wieder aufgeladen. Manche von den Laufenknechten handelten auch mit Schiffen, denn nach der Zunftordnung von 1401 mußten die Schiffe, die Laufenburg rheinabwärts erreichten, zuerst ihnen zum Kauf angeboten werden. Mit diesen fuhren die Laufenknechte dann selbst stromabwärts, um sie schließlich in Basel zu verkaufen [36]. Nachdem flußabwärts das Laufwasserkraftwerk in Betrieb ging, sind die Felsen der Laufenburger Stromschnellen unter der Wasseroberfläche des Rheins verschwunden, und allein die Enge des Flusses und sein rasantes Strömen lassen uns noch erahnen, welch donnerndes Getöse hier dereinst mitten in der Stadt gehallt haben mußte.

Wie der Zug nach Laufenburg hineinrollt und ich gedankenverloren über den Fluß auf die Altstadtfront des eidgenössischen Laufenburg blicke, fällt mir ein kleiner Reisebericht ein, den Maré Stahl vor Jahrzehnten in einem Heft über den Hochrhein abgegeben hatte:

»Wir hatten uns in ein Bild verliebt, in eine Landschaft von Hans Thoma: die Wasserfälle von Laufenburg. Es ist ein Bild für Romantiker und zeigt einen grünen schäumenden Katarakt, der an engbrüstigen mittelalterlichen Häusern vorbeischießt. Man glaubt ihn donnern zu hören. Die Menschen oben in den malerischen Häusern können aus ihrer Geborgenheit gleich in den strudelnden Abgrund schauen und über Leben und Tod sinnieren, über die Elemente, über geologische und geographische Probleme, über Sinn und Zweck eines Flusses überhaupt; es ist nicht nur ein bezauberndes, es ist auch ein sehr lehrreiches Bild, das zum Nachdenken anregt – uns jedenfalls regte es enorm an, und wir fuhren etwa

*Im schweizerischen Laufenburg.*

*Blick vom Hotzenwald übers Rheintal.*

tausend Kilometer, um diese Wasserfälle von Laufenburg in *natura* zu sehen.

Von Hauenstein an drückten wir uns die Nasen am Abteilfenster platt, weil jeder als erster die Wasserfälle erblicken wollte. Aber rheinauf, rheinab war nichts von Wasserfällen zu entdecken. Endlich rief der Schaffner: ›Laufenburg‹, und wir stiegen sehr mißtrauisch aus.

›Ist das wirklich Laufenburg?‹ fragten wir an der Sperre. Der Beamte sah uns etwas verdutzt an: ›Warum nicht?‹ – ›Und wo sind die Wasserfälle, bitte schön?‹ – ›Die Wasserfälle?‹ entgegnete er verlegen und schüttelte bedauernd den Kopf: ›Sie sind fort, seit einigen Jahrzehnten verschwunden.‹

Verschwunden! Der Mann wollte uns wohl zum Narren halten. (...) ›Man hat den Rhein reguliert‹, sagte er, ›und jetzt liefert er uns elektrischen Strom, das ist eben der Zug der Zeit.‹ Wir wollten nichts vom Zug der Zeit wissen, wir wollten unsere Wasserfälle wiederhaben! Wie schön wäre es gewesen, noch klein zu sein und mit Füßetrampeln und Geschrei seinen gerechten Anspruch zu vertreten. So aber blieb uns nur eins: abreisen, und das sofort.« (*»Man stahl uns einen Wasserfall«* von Maré Stahl [37]).

Wenn wir nicht von Albbruck aus einen Ausflug ins romantische Albtal machen wollen, mit der ehemaligen Iburg und der Schloßruine in Tiefenstein, dann steigen wir erst wieder in Waldshut aus dem Zug, wo wir uns einige Zeit aufhalten wollen, um einen Eindruck von der gut erhaltenen Altstadt zu bekommen. Um die Region des südlichen Schwarzwaldes, wo Rudolf von Habsburg 1254 die Klosterherrschaft über St. Blasien erlangt hatte, zu sichern, war hier von ihm die Stadt »zur Hut des Waldes« gegründet worden. Als Verwaltungssitz des vorderösterreichischen Waldvogts war die Stadt 1468 von den Eidgenossen belagert worden. Da man sich friedlich einigen konnte, war Waldshut die Zerstörung erspart geblieben. Der Überlieferung nach gelang dies jedoch nicht ohne List: Um den Belagerern die Aussichtslosigkeit ihres Unterfangens vor Augen zu führen, hänselte man die selbst nicht gerade verwöhnten Belagerer, indem ihnen ein fetter Schafbock auf den Mauern der ausgehungerten Stadt gezeigt wurde. Tatsächlich glaubten die Eidgenossen, daß die Waldshuter wohl noch ausreichende Lebensmittelvorräte hätten, und zogen ab. Um jenes Ereignisses zu gedenken, wird seither alljährlich die Waldshuter »Chilbi« gefeiert, eines der größten Volksfeste am Hochrhein [38]. Und wer weiß, vielleicht alles nur, weil da einst ein Schafbock einen gar zu grausigen Gestank in der Stadt verbreitet und man ihn deshalb zum »Auslüften« auf die Stadtmauer gejagt hatte ...

1975 hat Waldshut sich mit dem benachbarten Tiengen zu einer Doppelstadt zusammengeschlossen, und auch

*Malerei des »Waldshuter Männlein« auf einem der Stadttore in Waldshut.*

die Zwillingsschwester lockt uns mit ihren mittelalterlichen Gassen zu Spaziergängen an. Da Tiengen in verschiedenen Kriegen stärker gelitten hatte als Waldshut, wirkt sein Ortsbild nicht mehr so geschlossen wie jenes der Schwester im Westen – obschon es mit einer ersten urkundlichen Erwähnung im Jahre 898 erheblich älter ist als jene.

Ein schönes Panorama der Tiengener Altstadt, aus der neben der barocken Kirche vor allem das Schloß und der alte Storchenturm deutlich herausragen, und der weiteren Umgebung bietet der Turm auf der Haitzenhöhe, von dem aus auch die alte Holzbrücke über die Wutach zu erkennen ist. In ihrer Nähe steht an einem Sportfeld ein Monolith, der sogenannte »Lange Stein«, ein Nagelfluhfelsen, von dem die Überlieferung berichtet, daß dort früher Recht gesprochen wurde. Andere erzählten sich, daß die Geister böser Menschen nach ihrem Tod dort umgehen würden. Aus dem Waldshut-Tiengener Hinterland wären insbesondere das ehemalige Kloster in Gurtweil, die Ruinen Gutenberg, Isnegg und Schörringen im felsigen Tal der Schlücht sowie die Ruine Krenkingen im Steinatal zu nennen. Wir aber wollen für diesmal nicht mehr zu weit in den Schwarzwald hinein, sondern brechen mit dem nächsten Zug in Richtung Schaffhausen auf.

*Der Storchenturm in Tiengen, Teil der alten Stadtbefestigung.*

Mitten durch die rechts des Hochrheins gelegene Landschaft des Klettgau verläuft die deutsch-schweizerische Grenze, die nach Nordwesten zur Wutach hinabführt. In der gleichen Richtung, vom Grenzbahnhof Erzingen gut zu erreichen, liegt ein Megalithgrab nahe der Straße nach Degernau: ein aus Steinplatten zusammengefügtes steinzeitliches Gemeinschaftsgrab, in das die Toten durch eine große, ovale Öffnung – das sogenannte »Seelenloch« – hineingelegt werden konnten [39]. Wer sich hierher auf den Weg gemacht hat, sollte noch über Degernau hinaus nach Ofteringen (beides Gemeinde Wutöschingen), um das auf einem Vorsprung des rechten Wutachabhangs thronende Kloster Marienburg zu besuchen, das 1863 in einem ehemaligen Schloß eingerichtet wurde. Und auch die Weiterfahrt nach Norden, vorbei am 150 Meter hoch über dem Tal gelegenen, leider nicht zugänglichen Stühlinger Schloß Hohenlupfen, lohnt sich für uns Bahnfreunde insbesondere sonn- und feiertags, wenn die Museumsbahn zwischen Weizen-Bahnhof und Blumberg-Zollhaus fährt. Auf einer sich die Wutachflühen hinaufarbeitenden alten Bahnstrecke, die von den Einheimischen wegen ihrer kurven- und kehrenreichen Strecke »Sauschwänzle-Bahn« genannt wird, zieht der von einer alten Dampflok gezogene Zug Ausflügler von nah und fern in diese reizvolle Landschaft.

Mit der Bahn jedoch bedeutet diese Strecke eine Sackgasse für uns, und so

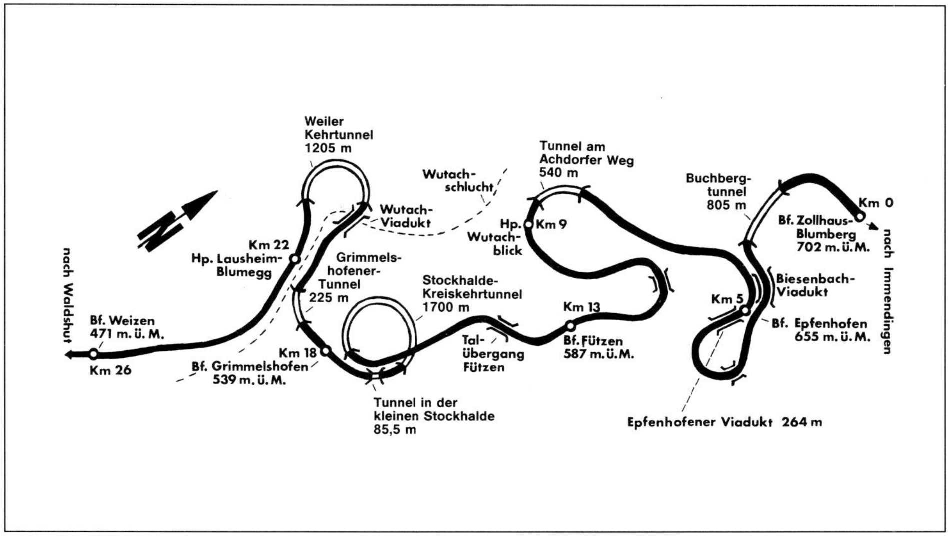


*Streckenplan der Museumsbahn Wutachtal.*

müssen wir Richtung Schaffhausen wieder in Erzingen zusteigen. Mitten durch den schweizerischen Teil des Klettgaus führt die Strecke, eine offene Ackerlandschaft, die heute wieder von bewaldeten Höhen umrahmt wird. In ihrem Herzen liegt das Städtchen Neunkirch, dessen mittelalterliche Stadtanlage (um 1260) bis heute erhalten geblieben ist. Die Zugfahrt führt an der südlichen, als Stadtmauer fungierenden äußeren Häuserreihe vorbei und ermöglicht es, im Vorbeifahren einen Blick vom schönen Obertor zu erhaschen. Schon wenige Minuten später erreichen wir mit Neuhausen wieder den Rhein und mit Schaffhausen eine der reizvollsten Städte der Schweiz. Der mittelalterliche Charakter der Stadt (Reichsstadt seit dem 12. Jahrhundert) wird durch die über ihr thronende trutzige Festung Munot noch betont, und diesem Charme der vergangenen Zeiten sollte man sich einmal ausgiebigst hingeben. Vom Bahnhof schlendern wir durch malerische Gäßchen und über die zahlreichen Plätze der Innenstadt, die von prächtig mit Malereien geschmückten Bürgerhäusern gesäumt werden. Auf dem Gang zwischen den verschiedenen Stadttoren, dem Münster mit seiner jahrtausendalten romanischen Säulenbasilika bzw. dem ehemaligen Kloster Allerheiligen (heute

*Im Innenhof des Klosters Allerheiligen in Schaffhausen.*

umgebenden Hügel, den von Osten heranströmenden Hochrhein bis hinüber ins Zürcher Feuerthalen zu genießen. Dort geht die Bahnlinie der SBB weiter, die auf dem linksrheinischen Ufer über Diessenhofen und Stein am Rhein an den Bodensee führt. Wir nehmen jedoch einen Zug, der uns in Thayngen über die Grenze bringt. Der Ort im Reiat ist – neben seiner Gewürzmittelfabrik – durch eine große Zahl steinzeitlicher Funde, die im »Keßlerloch« gemacht wurden, seine ausgegrabenen Pfahlbauten, eine Hallstattsiedlung sowie Grabhügel bekannt geworden.

Wenn wir keine zehn Kilometer von Thayngen entfernt in Singen aus dem Zug steigen, betreten wir den Boden einer der bemerkenswertesten deutschen Landschaften im Hinterland des Hochrheins: den Hegau. Um ein von dem

Museum) und dem Munot lassen sich viele architektonische Details entdecken und vielleicht bei einem Kaffee oder sonstigen Umtrunk in einem der Straßencafés weiter studieren.

Ein Muß ist es selbstverständlich, den aus dem 16. Jahrhundert stammenden Munot zu besteigen. Nicht nur, um die gewaltigen Mauern und Gewölbe der Festung zu bestaunen, die einem an heißen Sommertagen so wunderbare Kühle spenden, sondern vor allem, um das herrliche Panorama der die Stadt

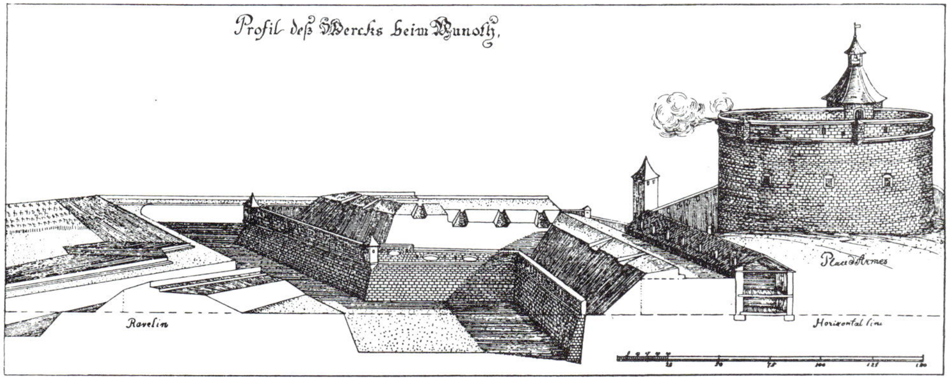

*Munot in Schaffhausen.*

*Blick vom Hohenstoffeln zum alten Hegauvulkan Hohentwiel und zur Ruine Homboll.*

*Profil der Festung Hohentwiel*

Flüßchen Aach durchströmtes Becken erheben sich alte Vulkanruinen, die von den Resten ehemaliger Raubritterburgen aus der Zeit des hohen Mittelalters (ab 10. Jahrhundert) gekrönt werden. Am berühmtesten unter diesen Festungen ist jene auf dem Hohentwiel, die als größte Burgruine Deutschlands gilt. Nie wirklich bezwungen, wurde sie zu Anfang des 19. Jahrhunderts nach freiwilliger Übergabe an die Franzosen durch Sprengung zerstört. Dennoch erinnern ihre beeindruckenden Ruinen an die glorreiche Zeit, als ihr Kommandant Widerholt von hier auszog, die in der Nachbarschaft gelegenen Burgen in zahlreichen Kriegszügen niederzukämpfen. Bei klarem Wetter bietet der Blick von hier oben eine phantastische Aussicht zum von den Alpen gesäumten Bodensee im Osten über das Hegaubecken hinüber zu den anderen Burgruinen auf dem Hohenkrähen, dem Mägdeberg, Hohenstoffeln, Hohen- und Neuhewen. Während der letztere mit 867 Metern der höchste unter

*Der Basaltkern des »Blauen Steins« ist ein Zeuge des Hegauvulkanismus auf den Randenhöhen.*

den Hegaubergen ist, gilt der Hohenkrähen als der schönste – mit dem vom Heimatdichter Ludwig Finckh versehenen Beinamen »Des Herrgotts Kegelspiel«. Er ist die Heimat des sagenhaften »Poppele«, eines auf den im 14. Jahrhundert lebenden Burgvogt J. Chr. Popelius Maier zurückgehenden Spukgeistes, der mit Einheimischen wie Durchreisenden seinen Schabernack treibt. Hier gilt es also, Vorsicht walten zu lassen ...

Von Singen führt die Bahn hinüber an den Bodensee. Da wir unsere Bahnreise letztendlich wieder am Rhein enden lassen wollen, nehmen wir den Bus nach Stein am Rhein. Es wäre allerdings ebenfalls lohnend, nach Südwesten aus der Stadt hinauszuwandern, um einen kleinen Umweg über das Rosenegg zu machen. Dieser südlichste Rest des Hegauvulkanismus ermöglicht noch einmal ein schönes Panorama der sich im Norden aus der Ebene erheben-

*Schloß Blumenfeld.*

*In der Burg Hohenklingen über Stein am Rhein.*

den Hegauberge. Wenig östlich zu Füßen des Roseneggs erstreckt sich die Gemeinde Rielasingen-Worblingen, wo wir ebenfalls in den Bus nach Stein zusteigen können.

Knapp drei Kilometer vor Stein am Rhein gibt es in Hemishofen die Möglichkeit, durch den Wald zur Ruine Wolkenstein auf einem westlichen Ausläufer des Schienerberges hinaufzusteigen. Im Westen öffnet sich das um die Bibermündung weit gewordene Hochrhein-Tal, um sich dann zwischen den bewaldeten Hängen des Staffel und des Rodenberges hindurchzuzwängen. In östlicher Richtung führt der Wanderweg auf einem bis zu 608 Meter hohen Rücken, immer nahe des steilen Südabfalls, hinüber zur Burg Hohenklingen, die stolz und unzerstört über Stein am Rhein thront. Sie war vor einem knappen Jahrtausend die Schutzburg für das vom Hohentwiel 1005 nach Stein verlegte Kloster St. Georgen. Dessen Schutzvögte waren zunächst die Zähringer, die 1218 von den Herren von Klingen abgelöst wurden. Mitte des 15. Jahrhunderts ging die Burg in den Besitz der zu ihren Füßen liegenden Stadt über. Aus dem langgestreckten Festungsbau ragt der romanische Turm heraus, dessen Eingang in acht Meter Höhe einen gut kontrollierbaren Zugang bot. Um 1250 kamen die Ringmauer, Burgkapelle und der Palas als Erweiterungsbauten hinzu, die es den neuen Vögten behaglicher und sicherer gestalten sollten. Allerdings sind unsere heutigen Vorstellungen von Wohnlichkeit und Bequemlichkeit weit entfernt von dem, was uns die karg ausgestatteten Gemäuer der Wohnräume in der Burg an mittelalterlichem Wohnkomfort vermitteln: Mobiliar in unserem Sinne ist kaum zu finden, vielmehr stehen einsam klobige Sitzbänke an einfachen Tischen im Raum. An dessen kalten Wänden mögen allenfalls einige große Truhen Platz für den Hausrat bieten, und wer an einem luftigen Wintertag bei geöffnetem Fenster die Aussicht zur Stadt Stein hinunter und über das Rheintal hinweg genießt, mag schon nach wenigen Minuten eine Ahnung davon haben, wie es den Burgherren dereinst in eisigen Winternächten ohne Fensterscheiben ergangen ist. In der Nähe der offenen Kamine vermochte man sich vielleicht warmzuhalten, mußte aber gleichzeitig mit großen Teppichen die vom dicken Gemäuer abgestrahlte eisige Kälte dämpfen. Um 1500 leistete man sich bei Um- und Neubauten den Luxus überdachter Innenhöfe, und als Verstärkung der Wehrhaftigkeit kamen die beiden vorgelagerten Zwinger hinzu, wo wir heute in einer gepflegten Gaststätte auf das Abendessen und den Sonnenuntergang über dem jungen Hochrhein warten können ...

*Das Schloß Herblingen liegt nordöstlich der Stadt Schaffhausen im Tal der Fulach.*

*Hochrhein zwischen Staffel und Rodenberg (bei Gailingen/Diessenhofen).*

# Uf em Velo de Rhy durab

**Linksrheinisches Mosaik**

Zum Abschluß unserer Hochrheinreise wollen wir mit dem Fahrrad – oder besser: Velo, wie es in diesem Raum überwiegend genannt wird – flußabwärts fahren. Das klingt zwar äußerst gemütlich und wenig anstrengend: flußabwärts. Wir können jedoch nicht damit rechnen, daß uns immer ein gleichmäßiges Gefälle erwartet, denn immerhin fließt der Rhein durch eine zwar schöne, vom Relief her aber recht unruhige Landschaft. Zuweilen werden wir auch die Ufer des Stromes verlassen müssen, weil man dort mit dem Velo nicht immer gut radeln kann, oder aber Ausflüge ins interessante Hinterland zwingen uns ab und an zu einer steileren Fahrt den Berg hinauf oder gar ein Stück zu schieben. Was die Unerschrockenen dafür erwartet, entschädigt sie aber für die gelegentlichen Anstrengungen...

Durch die gelegentlichen Wanderungen während unserer Flußreise und die Bootsfahrten selbst konnten wir schon einiges entlang der Rheinufer entdecken und erleben. Da uns die Bahnfahrt besonders mit dem Nordufer des Hochrheins vertraut gemacht hat, wollen wir uns bei unserer Velotour überwiegend an das Südufer, die linksrheinische schweizerische Seite halten. Allerdings steht hin und wieder ein Wechsel auf das rechte Rheinufer an, nämlich wenn es dort schöner oder sicherer zu fahren ist, oder weil wir das Südufer schon durch eine Wanderung kennengelernt haben. Doch genug der Vorüberlegungen – jetzt heißt es aufs Velo aufsteigen, welches wir am Bahnhof von Stein am Rhein gemietet haben und erst in Basel am Bahnhof SBB wieder abgeben wollen. In Stein stoßen all jene zu uns, die mehr Zeit haben und schon ein oder zwei Tage am Ufer des Untersees entlang bis hierher geradelt sind: sei es von Radolfzell auf der Höri über Gaienhofen und Öhningen, immer am Fuß des Schienerberges, oder sei es von Konstanz/Kreuzlingen über Gottlieben mit seiner am Seerhein aufragenden Bischofsburg aus dem 13. Jahrhundert (Privatbesitz), vorbei an den schönen alten Fischerhäusern in Ermatingen-Stad, auf deren Seeseite Archäologen Reste einer Pfahlbausiedlung entdeckt haben, weiter über Mannenbach mit dem Arenenberger Napoleon-Museum und in die Altstadt von Steckborn, die gleich jener Kaiserstuhls (Hochrhein) angelegt wurde. Mammern ist das letzte größere Dorf vor Stein auf der Radlerstrecke entlang des Untersees. Beim Strandbad Stad verengt er sich zum Fluß, rechterhand fällt der Blick aufs Inselchen Werd und den Schilfgürtel am Hochrheinufer. Der Steiner Stadtteil Burg ist schnell durchquert, und mit ihm dieser Teil des Kantons Schaffhausen, der hier nur ein winziges Stück (und das einzige) des südlichen Rheinufers besitzt – völlig eingerahmt vom Rhein und von thurgauischem Gebiet. Schon gleich auf der ersten Strecke am Fluß entlang könnten wir leicht unserem Vorsatz, uns linksrheinisch zu halten, untreu werden, denn die Straße über Rheinklingen und Diessenhofen bis Schaffhausen ist für den Fernverkehr ausge-

*Sonnenblumenfeld im Tal der Biber bei Büßlingen.*

*Die Büsinger »Bergkirche« St. Michael ist bereits in einer Urkunde aus dem Jahre 1095 erwähnt.*

baut und unangenehm stark befahren. Nach einem ersten kleinen Abstecher zur Wagenhausener Benediktinerabtei St. Maria, der wegen ihrer ungewöhnlichen romanischen Pfeilerbasilika (1083-1087 errichtet) sehr zu empfehlen ist, wechseln wir also zunächst auf die nördliche Rheinseite hinüber. Bei der Fahrt durch die Fußgängerzone der Steiner Altstadt lohnt sich ein nochmaliges Innehalten, ist doch der Anblick der bemalten Häuserfassaden am Marktplatz immer wieder beeindruckend. Doch nehmen wir unseren Blick von den hübschen, mit Erkern und schmiedeeisernen Schildern geschmückten Fachwerkbauten, verlassen das Städtchen durch das Untertor und bringen die zwei Kilometer Landstraße bis Hemishofen schnell hinter uns. In dem kleinen, durch seine Fachwerkhäuser sehenswerten Dörfchen zweigt ein Sträßchen links ab, das zur Bibermüli führt, einem idyllisch an der Mündung der Biber in den Rhein gelegenen Gebäudekomplex. Wanderer und Radfahrer können weiter nach Westen durch den Staffelwald, der nach einem steilen Anstieg mit leichtem Gefälle zur Obergailinger Nikolauskapelle führt. Leider ist diese seit einigen Jahren nicht mehr öffentlich zugänglich, doch zu einer kleinen Pause an der Uferkante lädt der Rhein hier allemal ein.

Schon wenig später öffnet sich – beim Gailinger Strandbad – der Blick aufs südliche Flußufer, das von der Silhouette des mittelalterlichen Städtchens Diessenhofen geprägt wird. An der gedeckten Holzbrücke führt die

*Blick über den Rhein nach Diessenhofen.*

*Der Hochrhein beim Schaffhauser Ort Nohl, unterhalb des Rheinfalls.*

Straße rechts den Berg hinauf in den Dorfkern von Gailingen, das auf einer alten Flußterrasse über dem Flußtal thront. Über die Brücke geht es nach Diessenhofen hinein, von wo eine Wanderung am linksrheinischen Rheinufer bis Paradis lohnt, eine Velotour auf der stark befahrenen Straße bis Schaffhausen jedoch nicht gerade den Traum aller Radfreunde darstellt. Die auf dem Nordufer weiterführende Straße dagegen ist wie geschaffen fürs Radeln, und etwa einen halben Kilometer nach der Brücke biegen wir links auf einen Feldweg ab, der uns verträumt zwischen Büschen und Weinbergen nach Büsingen bringt. Auf dieser Strecke überqueren wir auf den knapp zehn Kilometern bis ins Herz der Schaffhauser Altstadt dreimal die deutsch-schweizerische Grenze. Die deutsche Exklave Büsingen auf halbem Weg ist durch einen 700 bis 1200 m breiten Streifen eidgenössischen Hoheitsgebietes von seinem östlichen Nachbarort Gailingen getrennt. Mit der einsam auf einer kleinen Anhöhe außerhalb des Ortes gelegenen Wehrkirche St. Michael (1095 estmals urkundlich erwähnt) und einer Reihe schöner und gut erhaltener Fachwerkhäuser ist Büsingen einen kurzen Aufenthalt wert. Das Rheinufer lädt überdies zu Promenaden ein, die uns fast übergangslos in die schweizerische Kantonsstadt Schaffhausen führen. Wer allerdings den Munot als Etappenziel anvisiert, biegt besser in Büsingen nach Buchthalen ab und hält sich auf der Straße, die auf das Plateau des Emmersbergs in den dort oben gelegenen

*Schloß Laufen am Rheinfall.*

Stadtteil Schaffhausens hinaufführt (in Buchthalen rechts halten) und auf den turmartigen alten Festungsbau zuhält (Kamor- bzw. Säntisstrasse).

Mit dem Velo durch Schaffhausen zu fahren, ist wegen der zahlreichen Stei-

*Rheinfall bei Neuhausen.*

gungen, vor allem aber aufgrund der durch die Stadt donnernden Lastwagen kein Vergnügen. Doch haben wir einmal den Rhein überquert und sind oben in Flurlingen-Uhwiesen angelangt, so ist das Schlimmste überstanden. Die hohe Uferkante bietet uns eine schöne Aussicht übers Rheintal und hinüber nach Neuhausen, und allmählich kommt das Rauschen der Lächen oberhalb des Rheinfalls näher. Wenn wir dann beim Schloß Laufen in die Felsen an der Seite des donnernden Wasserfalls hinabsteigen, kann die Luft schon etwas feuchter werden, und es mag einem etwas schwindeln, wenn man lange in die weißschäumenden Wassermassen blickt, die sich nebendran über zwanzig Meter in die Tiefe stürzen. Die Burg auf der Höhe erhielt ihren Namen nach dem Katarakt, dem Großen »Laufen«. Hier hatte sich im Hochmittelalter aus einem 1155 bereits urkundlich erwähnten Königsgut, das aus einem Hof und einer Kirche bestand, die spätere Zürcher Vogtsburg entwickelt. Als Sitz eines Obervogtes wurde die Burg 1546 um die Ringmauer mit dem Torturm erweitert, und neugotische Umbauten im 19. Jahrhundert gaben Laufen den heutigen Schloßcharakter.

Wir verlassen Laufen nach Süden, wenden uns aber am Ortseingang von Dachsen nach Westen und fahren zum Rheinufer hinunter. Wenn wir dort über die Fußgängerbrücke nach Nohl hinüberwechseln, werden wir zwar schon wieder unserem Vorhaben, linksrheinisch flußabwärts zu fahren, untreu; doch bieten uns die sieben Kilometer von Laufen bis Neurheinau ohnehin kaum Ausblicke auf den Strom, während die gerade drei Kilometer lange Strecke von Nohl bis Rheinau den Weg erheblich abkürzt. Dadurch haben wir die Möglichkeit zu einem Abstecher auf die in der Flußschleife gelegene Halbinsel mit dem Gemarkungsnamen »Im Schwaben«, wo Reste eines alten Befestigungswalles von der einstigen keltischen Besiedlung zeugen. In Jestetten-Altenburg biegen wir von der Ortsdurchfahrt links ab, bis wir zum Wanderparkplatz kommen, der an der Steilkante der Uferterrasse am Waldrand gelegen ist. An dieser einen Stelle gibt es eine Lücke in der dichten Uferbewaldung, so daß es uns möglich ist, auf das Dorf Rheinau und die imposante Anlage der einstigen Benediktinerabtei hinunterzublicken. Für mich ist dies einer der schönsten Plätze am Hochrhein: mit dem idyllisch in der Flußschleife gelegenen Ort, eingerahmt von Feldern und Wäldern und dem ruhigen Wasser des grünschimmernden Flusses im Vordergrund. Tatsächlich haben wir das Glück, daß die Kraftwerksbetreiber in Rheinau einsichtig genug waren, die Flußschleife nach Fertigstellung des durch die engste Stelle der Rheinauer Halbinsel gebohrten Wassertunnels nicht trockenfallen zu lassen: man läßt dem zur Ader gelassenen Rhein das Minimum an Wasser, das nötig ist, die Flußidylle in der Schleife zu bewahren.

Es wäre möglich, mit dem Fahrrad fast bis zur Spitze der Halbinsel »Im Schwaben« zu fahren, von dort auf dem Wehr auf die linke Flußseite zu wechseln und – gleichfalls lohnend – die im Fluß gelegenen Klostergebäude mit ihren gen Himmel strebenden Kirchtürmen vom schweizerischen Ufer in Neurheinau aus zu betrachten. Ich jedenfalls lasse mein Velo hier stehen und schleiche lieber ein wenig auf den kleinen Pfaden entlang, die direkt gegenüber der Benediktinerabtei am Flußufer entlangführen. Der starke Bewuchs und die wenigen Spuren zeugen davon, daß hier nur selten jemand entlanggeht. An manchen Tagen kann man stundenlang durch diesen Wald streifen, ohne einer Menschenseele zu begegnen. Bei Nebel oder in der Dämmerung wirkt er gespenstisch, ja mancherorts würde es mich nicht wundern, auf ein »Hexenhäuschen« zu stoßen. So manchesmal ist mir hier, besonders wenn ich an eine liebe Gefährtin dachte, ein Gedicht von Johann Peter Hebel eingefallen:

**Das Hexlein**

*Und wo n i uf em Schnidstuehl sitz
für Basseltang und Liechtspö schnitz,
se chunnt e Hexli wohlgimuet
und frogt no frey: »Haut's Messer guet?«*

*Und seit mer frey no Guete Tag!
Und wo n i lueg, und wo n i sag:
»s chönnt besser goh, und Große Dank!«
se wird mer's Herz uf eimol chrank.*

*Und uf und furt enanderno;
und wo n i lueg, isch's nümme do,
und wo n i rüef: »Du Hexli, he!«
se gitt's mer scho kei Antwort meh.*

*Und sider schmeckt mer's Esse nit,
stell umme, was de hesch und witt;
und wenn en anders schlofe cha,
se hör i alli Stunde schla.*

*Und was i schaff, das grotet nit;
und alli Schritt und alli Tritt,
se chunnt mer ebe das Hexli für,
und was i schwätz, isch hinterfür.*

*'s isch wohr, es het e Gsichtli gha,
's verluegte si en Engel dra,
und , 'seit mit so 'me freye Muet,
so lieb und süeß: »Haut's Messer guet?«*

*Und leider han i's ghört und gseh,
und sellemols und nümmemeh.
Dort isch's an Hag und Hurst verbey
und witers über Stock und Stei.*

*Wer spöchtet mer mi Hexli us,
wer zeigt mer siner Muetter Hus?
I lauf no, was i laufe cha,
wer weiß, se triff i 's doch no a!*

*I lauf no alli Dörfer us,
i suech und frog vo Hus zue Hus;
und würd mer nit mi Hexli chund,
se würd i ebe nümme gsund.*

Vom »Schwaben« geht es zunächst zurück nach Altenburg und von dort südwärts auf dem Landsträßchen zur gedeckten Holzbrücke hinab, die das deutsche Ufer mit dem eidgenössischen verbindet. Direkt nach der Brücke, nach einem kleinen Plausch mit dem Zöllner, lädt ein sonniges Plätzchen auf den Stufen am Rheinufer zur Rast ein. Freilich lockt auch die Gaststätte links vom Zoll zur Einkehr, und von dort führt ein Weg zur Abtei. Es mag paradox klingen, aber wenn wir vom Südufer des Rheins bei der Holzbrücke rund fünfhundert Meter nach Süden gehen, gelangen wir ans Nordufer desselben Flusses: die enge Rheinschleife macht's möglich.

Von Rheinau an wollen wir unser Velo nicht mehr aufs rechte Ufer hinüberradeln; fortan bleiben wir zwar nicht bis ans Ende der Welt, aber doch bis ans Ende des Hochrheins auf schweizerischem Boden. Eine kurze Steigung führt uns von den Klostergebäuden durch die hübsche Oberstadt, wo wir uns oben rechts halten. Fünf Kilometer lang geht es auf guter Straße durch den Uferwald, und sobald wir wieder ins freie Feld kommen, liegt links der Straße das – an Ausflugstagen allerdings weniger – verschlafene Dörfchen Ellikon mit seinen gut erhaltenen Fachwerkbauten. Wanderer nutzen hier gerne die Hochseilfähre zum – gerade noch – deutschen Ufer (Nacker Mühle/Lottstetten). Dort führt ein Wanderweg südwärts zu den weinbewachsenen Hängen Rüdlingens und Buchbergs. Wir bleiben, wie versprochen, linksrheinisch und erreichen nach wenig mehr als einem Kilometer die Thur, die hier schnurgerade auf ihren großen Bruder Rhein zuströmt. Nach der Thurbrücke scheint die Straße die »Zielgerade« für das Schloß in Flaach zu spielen, in dem im 17./18. Jahrhundert ein Obervogt residierte. Es liegt am Nordwestrand des aus beachtenswerten Fachwerkhäusern bestehenden Ortes, die teilweise mit reichem Schnitzwerk und Malereien geschmückt sind. Lauben laden die Hausbewohner zu süßem Nichtstun ein – ideale Beschäftigung im Sommer, wie wir feststellen werden, sobald wir uns in Richtung Berg am Irchel die steile Straße den Hang hinaufmühen.

Einen Kilometer nach dem Ortsausgang von Berg am Irchel verschwindet die Straße im Wald. Eine kurvenreiche Strecke, die durch ihr Auf und Ab zwar etwas anstrengend, aber überaus spaßig zu fahren ist – solange nicht zuviel Verkehr herrscht. An einem kleinen Waldparkplatz, hinter dem ein Streifen Wiese zu einer Lücke in der Baumreihe führt, ist uns ein Blick auf den Rhein vergönnt. Tief unten im Tal scheint er unbehelligt vom Lärm der Zivilisation durch einen unberührten Wald zu strömen. Nach dem Verlassen des Waldes biegen wir in Teufen rechts ab und lassen uns gemütlich zum Tössegg hinabrollen. Inmitten steiler, bewaldeter Bergrücken mündet das Flüßchen Töss in den von Nordosten kommenden Vater Rhein, der einen Schlenker nach Nordwesten macht, sobald er seine kleine Flußtochter in die Arme genommen hat. Wir begleiten die beiden auf dem Uferweg, der sich vor Tössriederen zur Straße ausweitet. Wenig später ist Seglingen erreicht, das sich dem hübschen rechtsrheinischen Städtchen Eglisau gegenübersieht.

Die knapp zehn Kilometer lange Strecke zwischen Seglingen und Kaiserstuhl kennen wir bereits, da wir hier auf unserer Flußreise am Ufer entlangmarschiert waren. Die Weiterfahrt nach Rümikon bringt uns auf der nahe des Rheinufers gelegenen Hauptstraße schnell an den Grundmauern der abgetragenen Burg Schwarzwasserstelz vorbei, und wir könnten ohne weiteres über Mellikon und Rekingen bis Zurzach durchfahren. Allerdings würde

*Die Burg Schwarzwasserstelz war bis zu ihrem Verkauf an die Schweizer Bundesbahn noch bewohnbar. Die behauenen Quadersteine des ehemaligen Berfrieds wurden nach dem Abbruch zum Bahnbau verwendet. Im Hintergrund die Ruine Weißwasserstolz, deren Besitzer sich um den Erhalt der noch bestehenden Mauerreste bemüht.*

sich, kurz nach Rümikon, ein Abstecher nach Süden lohnen, wo im einen Kilometer entfernten Wislikofen im Bildungszentrum der Aargauer Katholiken die Gebäude einer ehemaligen Propstei zu erkennen sind. Das Kloster war im Jahre 1113 dem im Schwarzwald gelegenen einflußreichen Kloster St. Blasien geschenkt worden, welches hier einen Propst einsetzte. In Kriegszeiten suchten die Mönche von St. Blasien im fernen Wislikofen Zuflucht – z.B. um 1640 im Dreißigjährigen Krieg, 1692 oder auch 1702/03. Sogar zwei St. Blasier Äbte, Blasius II. und Franz I., sind hier beigesetzt.

Der Zurzacher Rheinübergang soll im Altertum und im Mittelalter der wichtigste über den Hochrhein gewesen sein: Archäologische Grabungen brachten Funde zutage, die von zwei römischen Brücken, zwei Kastellen (Tenedo) und ihrem rechtsrheinischen befestigten Brückenkopf beim deutschen Rheinheim zeugen. Daher verwundert die einstige Bedeutung des Städtchens Zurzach nicht im geringsten, dessen Warenmesse sich durch die Wasserstraßen Rhein und Aare zur bedeutendsten der Region entwickelt hatte. Im 14. Jahrhundert war der Ruf der Zurzacher Messe bis Polen und Rußland gedrungen. Die rasche Verkehrserschließung des Hinterlandes, insbesondere durch die Eisenbahn und den folgenden Ausbau der Überlandstraßen, nahmen jedoch nacheinander der Rheinschiffahrt und damit dem Handelsort Zurzach ihre Bedeutung. Von größerer Wichtigkeit sind heute die Heilthermalquellen, die das noch immer hübsche Städtchen auch für Bädergäste aus dem deutschen Raum interessant gemacht haben. Jene wissen selbstverständlich die friedliche Atmosphäre im von alten Bürgerhäusern gesäumten Ortskern zu schätzen, dessen Herz in der katholischen Kirche St. Verena schlägt. Die Bedeutung des frühchristlichen Zentrums geht auf die in der ehemaligen Stifts- und heutigen Pfarrkirche bestattete Heilige Verena (4. Jh.) zurück. Über deren Grab war schon früh ein Gotteshaus und Kloster errichtet worden, das sich zur Wallfahrtsstätte entwickelte. Die im 10. Jahrhundert eingestürzte und wieder neu erbaute Kirche ist uns ein kunstgeschichtliches Kleinod. Als frühestes gotisches Bauwerk am Hochrhein bietet sie uns außer der sehenswerten gotischen Krypta ein überaus interessantes Innenleben: im seit dem 17./18. Jahrhundert barock gegliederten Inneren des vorromanischen, von Arkaden getragenen Langhauses findet sich eine reichhaltige Ausstattung. Hier schlug sich künstlerisch der Reichtum eines bedeutenden Handelsortes nieder.

Wegen der Stromschnellen, die wenige Kilometer flußabwärts die Schiffahrt behinderten, wurden viele der Waren nicht weiter auf dem Rhein, sondern von Zurzach über den südlich anschließenden Höhenzug nach Klingnau transportiert. In Klingnau treffen wir auf die Aare, den beherrschenden Strom der Deutschschweiz, und – wie es in einer alten Beschreibung heißt – »gefährlichen Nebenbuhler«. Als Handelsweg war der wasserreiche Strom die bedeutendste Verbindung Zurzachs ins Alpenland. Daher gründeten 1239 die Herren von Klingen hier an der Bistumsgrenze von Konstanz und Basel den Ort Klingnau, um am einträglichen Flußhandel teilzuhaben. Sie residierten im Schloß, das

*Klingnau (Merian), 1642.*

*Baden: Holzbrücke über die Limmat.*

im Westteil des Städtchens mit einem quadratischen Turmbau das Ortsbild prägt. 1314 erhielt die auf einer Felsenanhöhe am Ostufer der Aare gelegene Ansiedlung Stadtrechte, und eine ganze Zahl von Klostergründungen sowie eine St. Blasier Propstei festigten die Bedeutung des Ortes. In der Gegenwart sind die Straßenverbindungen am wichtigsten geworden, selbst wenn die Bahn Klingnau über Koblenz mit dem deutschen Waldshut und über Turgi mit Baden verbindet.

Die Stadt an der Limmat war während eines halben Jahrzehnts (1798-1803)gar Hauptstadt eines eigenen Kantons Baden. Es ist eigentlich ein Muß, von Klingnau auf Abwege zu geraten, um von der die Limmat überspannenden Autobrücke auf Badens mittelalterlichen Stadtkern zu blicken: auf dem steilen linken Flußufer ist ein Meer alter Bürgerhäuser erbaut, aus dem der Bruggerturm und die spätgotische Pfarrkirche herausragen. Weit oben thronen die Mauerreste der Burgruine Stein. Die durch den Autoverkehr verursachte Vibration und der Lärm auf der Hochbrücke läßt einen bald hinabsteigen zu der herrlichen alten Holzbrücke, die Baden mit dem rechten Ufer verbindet. Dort steht das Landvogteischloß, in dem die österreichischen Herren (bis 1415) über Baden und den Bootsverkehr auf der Limmat wachten.

Doch kehren wir zu unserem Fahrrad in Klingnau zurück, mit dem wir uns über die Aarebrücke und Kleindöttingen nach Böttstein aufmachen. Anstatt zum Rhein zurückzuradeln, wollen wir die Hügellandschaft des von ihm und der Aare umschlossenen Dreiecks erkunden, da wir auf unserer Bootsreise das Hochrheinufer zwischen Aaremündung und Hauenstein per pedes erkundet hatten. Doch bevor wir die steile Waldstaße oberhalb Böttsteins hinaufstrampeln, ist ein Blick in die dortige Schloßkapelle St. Antonius für Kunstfreunde unumgänglich. Denn, wie Friedrich Thöne so schön schreibt, »ein Besuch entschädigt für jeden größeren Umweg: An das Schiff mit Strebepfeilern schließen sich – eine Seltenheit – beiderseits des gerade schließenden Chors kleine Osttürme. Das Innere überrascht durch den Reichtum seiner Ausschmückung und Ausstattung. Die Tonnengewölbe über Schiff und Chor machen die Kapelle anscheinend zum frühest ganz gewölbten Kirchenbau im Hochrheingebiet« [40]. Was für ein Kontrast zum Kernkraftwerk, das dem Schloß am anderen Ufer gegenüberliegt!

Unsere etwas anstrengende »Abkürzung« führt nach dem in einem kleinen Kessel gelegenen Mandach, das in Langenloo eine Schloßruine aufzuweisen hat. Zu Füßen der sich am Besseberg ausbreitenden Rebberge windet sich hinter Hottwil die Straße in Serpentinen hinab. Dort treffen wir auf den Etgerbach, dem wir über Wil und Mettau bis zur Mündung in den Rhein in Etzgen folgen werden. Unterwegs ist die Barockkirche St. Remigius in Mettau einen Halt wert, wo die Säckinger Abtei schon früh Besitz und Patronatsrechte innehatte. Nur wenige Kilometer sind es von dort bis Rheinsulz und schließlich, immmer auf dem Radweg am Waldrand entlang, bis Laufenburg.

Eine Pause in der Laufenburger Altstadt lohnt immer wieder. Beim Überqueren der großen Hauptstraße am Ortseingang ist auch heutzutage noch kräftiges Rauschen zu vernehmen, doch ist es nicht mehr das Donnern der Stromschnellen, sondern des Lastwagenverkehrs. Die um 1207 auf einer dreieckigen Halbinsel des linksrheinischen Ufers gegründete Stadt hat im Kern ihren mittelalterlichen Charakter bis heute vorzüglich bewahrt. Die in unserem Zeitalter im Alltag befremdende, in den Ferien aber überaus anheimelnde Atmosphäre der Altstadt tröstet uns über den Verlust des einstigen Naturschauspiels zu ihren Füßen hinweg: manche hielten den hiesigen Laufen für weit schöner als den »Großen Laufen« des Neuhauser Rheinfalls. »In der Gesamtheit des Bildes, das man am vollkommensten aus dem Zuge am Bahnhof genießt, übertreffen die Laufenburger Stromschnellen fraglos an großartiger und vielfältiger Schönheit den weit berühmteren Rheinfall bei Neuhausen. Sie stehen allerdings an Sturzhöhe des Wassers beträchtlich nach« [41].

*Laufenburg mit den Salmenfängen.*

Statt des Naturschauspiels führt nun die Technik Regie, die nicht nur romantische Menschen, sondern auch die Tierwelt irritiert – wie wir aus Christian Morgensterns Gedicht über das »Rheinkraftwerk Laufenburg« [42] erfahren:

*Ein Rheinsalm schwamm den Rhein*
*bis in die Schweiz hinein.*
*Er war weiß Gott wo,*
*doch eines Tages – oh -*
*Da kam er an ein Wehr:*
*Das maß zwölf Fuß und mehr!*
*Zehn Fuß – die sprang er gut!*
*Doch hier zerbrach sein Mut.*
*Drei Wochen stand der Salm*
*Am Fuß der Wasseralm,*
*Und kehrte schließlich stumm*
*Nach Deutsch- und Holland um.*

Von Laufenburg kehren wir mit dem Velo auf das Sträßchen hinter dem

Bahnhof zurück, um auf der Weiterfahrt nach Sisseln nicht auf der verkehrsreichen Hauptstraße nach Stein und Bad Säckingen radeln zu müssen. Am besten hält man sich links in Richtung Kaisten, von wo es westwärts weitergeht, immer am Hangfuß der steil ansteigenden Juraberge entlang. Kurz vor dem Dorf Eiken trennen sich die Wege derjenigen, die noch munter und unternehmungslustig genug sind, für ein prächtiges Panorama über Berg und Tal zu radeln, und jener, die ihre Velotour »de Rhy durab« gemütlich ausklingen lassen wollen. Letzteren sei empfohlen, vor Eiken nach rechts zur Station Sisseln abzubiegen und dem Lauf der Sissle zu ihrer Mündung in den Rhein zu folgen. Von dort aus ist es möglich, immer schön auf dem Hochrheinufer bis Stein, Mumpf und Wallbach zu fahren. Auf der bewaldeten Halbinsel, die in der weiten Rheinschleife zwischen Bad Säckingen und Rheinfelden um den schweizerischen Ort Möhlin liegt, trennen sich Wander- und Radweg zuweilen, führen jedoch beide an den meisten römischen Warten vorbei, deren Überreste von der römischen Präsenz am Ufer des Stromes zeugen. Der Blick über den in prächtigem Grün dahinströmenden Fluß läßt auf dem anderen Ufer die Schlösser Schönau bei Schwörstadt und Beuggen erkennen. Von der Nordwestspitze der Möhliner Halbinsel führt der Radweg

*Auf der Rheininsel Stein in Rheinfelden.*

aus dem Forst »Heimeholz« aufs freie Feld und eröffnet den Blick auf die Stahlgerüste der Türme der Saline Riburg. Wenig später wird in Rheinfelden wieder das Flußufer erreicht.

Doch wohin sind inzwischen die ganz Munteren geradelt? Wir hatten uns vor Eiken von den »Gemütlichen« getrennt und waren zunächst entlang der Bahnstrecke, die aus dem Fricktal nach Basel führt, bis Münchwilen weitergefahren. An der Kirche dort beginnt der Aufstieg in den hier bis fast ans Rheinufer reichenden Jura. Auf einer langanhaltenden Steigung und durch zwei Haarnadelkurven kämpfen wir uns die Straße im Wald hinauf. Auf der Höhe geht dieser in offene Obstbaumwiesen über, so daß wir auf der Fahrt nach Schupfart hinunter etwas mehr von der lieblichen Umgebung sehen. Wieder gilt es rund hundert Höhenmeter zu überwinden, wenn wir nach Wegenstetten hinüberradeln, von dort erneut hinauf in Richtung Hemmiken. Noch vor dem hinter einem kleinen Paß auf 495 m ü.M. gelegenen Dorf verlassen wir jedoch die Hauptstraße und gewinnen allmählich immer mehr an Höhe, indem wir nahe der Kammlinie auf dem zunächst nach Nordosten, dann nach Norden führenden Weg bleiben. Kurz vor dem sogenannten Junkerschloss, nahe am Waldrand, blicken wir weit über Hemmiken hinweg ins Ergolztal, und weiter im Westen sehen wir den imposanten Klotz des 758 Meter hohen Farnbergs. Dort oben liegt unser nächstes Etappenziel, aber bis dahin heißt es noch einige Male den Berg hinabzurollen und schwitzend wieder hinaufzustrampeln. In der kleinen Ansiedlung Farnsburg, rund hundert Meter unterhalb der Ruine, lassen wir das Fahrrad stehen und nehmen den steilen Hang vor uns in Angriff. Bald schon belohnt uns das prächtige Panorama an der Farnsburg für die Anstrengungen. Ringsum reicht kein Berg auf diese Höhe, der den Blick verstellen könnte: zu drei Seiten scheint das Juragebirge wie ein Meer seine grünen Wellen zu schlagen, während sich im Norden das Rheintal öffnet.

*Die Farnsburg.*

Früher eine der stärksten Burgen in der Region Basel, ist die Farnsburg für Freunde alter Wehrgemäuer von besonderem Interesse. Die Herren von Homburg hatten sich diese mächtige Festung erbaut, da sie nach der Erweiterung ihres Herrschaftsgebietes eine repräsentative und wehrhafte Residenz beanspruchten. Mit dem Gipfelplateau des die ganze Umgebung überragenden Farnsberg hatten sie sich eine wahrlich fürstliche Lage ausgesucht. Auf den eigentlichen Gipfel verzichteten sie zwar, doch am Ende eines sich nach Nordosten senkenden Bergrückens, auf einem kleinen Felsplateau, fanden sie die geeignete Stelle für ihre Höhenburg. Da die Südwestseite durch den leicht ansteigenden Höhenzug verletzlich war, wurde der Kernburg dort eine überaus mächtige und hohe Schildmauer als stärkste Befestigung vorgebaut. Der Zugang zu dieser Schildmauer selbst war noch durch eine starke Bastion versperrt, die durch eine weitere Mauersperre jeden, der in die Burg wollte, auf eine zur Zugbrücke führende Rampe zwang. Diese aber lag im unmittelbaren Schußfeld des das Eingangstor bewachenden Rundturms. Erst hinter der Schildmauer, und zwar direkt an sie angebaut, bildeten Palas, Burgkapelle und andere Wohngebäude den Hauptkomplex der Festungsanlage. Hier lebten die Homburger, bis sie 1418 ausstarben und die Burg an die Herren von Falkenstein ging. Fortgesetzte Fehden und Händel führten zum wirtschaftlichen Niedergang der Falkensteiner, die sich daher schließlich zum Verkauf an die Stadt Basel gezwungen sahen. Die setzte dort ihre Landvögte ein, welche die Bauern der Region über Gebühr geplagt haben müssen. So verhaßt waren sie, daß die unterdrückten Bauern Gesinnungsgenossen in der Burg fanden, die ihnen eines Tages, im Jahre 1798 während der Abwesenheit des Landvogts Hans von Hagenbach, die Tore öffneten. An allen vier Ecken zündeten die Bauern die Festung an, die seither in Schutt und Asche liegt – damit erging es ihr wie der auf dem zwischen Homburgertal und Diegtertal gelegenen Höhenzug stehenden Burg Neu-Homburg, die kurz zuvor (1797/98) das gleiche Schicksal erlitten hatte. Viel Gras ist seither – im wahrsten Sinne des Wortes – darüber gewachsen, und manch einer, der der zerstörten Burg nachtrauert, hängt einer romantisch verklärten Vorstellung nach, die mit der harten politischen und gesellschaftlichen Realität jener Zeit nicht viel zu tun hat. Denn das Leben auf solch einer Höhenburg war bei weitem nicht angenehm – wie ich es andernorts schon einmal im Falle der Burg auf dem Hohenkrähen im Hegau beschrieben habe und für die exponierte Farnsburg ebenso gilt:

»Das romantisch verklärte Bild ändert sich erst, wenn wir an einem stürmischen Herbst- oder Wintertag eine ganze Weile zwischen den Ruinen hocken, durch die ein eisiger Wind fegt. Fensterglas, das erst im 14. Jahrhundert in Europa eingeführt wurde, war noch bis ins 16. Jahrhundert äußerst rar. Bei schlechtem Wetter wurden die in exponierten Höhenlagen errichteten Burgen besonders stark von Wind, Regen und Schnee heimgesucht, so daß die Bewohner Decken vor die Fensteröffnungen hängen mußten, um die Kälte draußen zu halten. Freilich schützte sie das mehr schlecht als recht.

Ein weiteres Problem war die Wasserversorgung. Da selbst das Trinkwasser – meist von Eseln auf die Burg hinaufgeschleppt – so knapp war, daß es häufig peinlich genau rationiert werden mußte, war man durch den Mangel an Waschwasser genötigt, die Körperpflege stark zu vernachlässigen. Die Burgfräulein und Damen behalfen sich mit einer entsprechend dicken Puderschicht, die den Körpergeruch überdecken sollte. Da mag bei aufkommendem Wind ein frisches Lüftchen hin und wieder doch ganz erholsam gewesen sein ...« [43]

Von der Farnsburg geht es mit uns fast nur noch bergab – aber nicht im übertragenen Sinne, sondern mit unserem Velo, auf dem wir durch die Dörfer Buus, Maisprach bis Magden rollen. Von dort begleiten wir den Magdener Bach bis hinunter an den Rand der Altstadt von Rheinfelden. Es ist der Bach, den man in alter Zeit zum Stadtgraben vor der Ummauerung gemacht hat, und so ist das Städtchen zu einer großen Insel im winzigen Bach geworden ... Um wieviel mächtiger wirkt dagegen der Rhein, der mit majestätischer Ruhe und Gewalt unter der das schweizerische mit dem deutschen Rheinfelden verbindenden Brücke hindurchströmt. Bis vor einem Jahrhundert war diese Rheinbrücke zu drei Vierteln eine gedeckte Holzbrücke, die zur badischen Seite von einem festungsartigen Torgebäude auf einem massigen länglichen Pfeiler im Strom geschützt wurde. Gewaltig, wie diese alte Rheinfelder Brücke auf einem alten Foto [44] erscheint, mußte sie nach einem Brand zu Anfang des 20. Jahrhunderts durch die heutige Brücke ersetzt werden.

Bis kurz vor Kaiseraugst verlaufen Straße, Rad- und Wanderweg fast unmittelbar nebeneinander. In rund zehn

*Alte Rheinbrücke von Rheinfelden vor dem Brand.*

Minuten haben wir Rheinfelden und Augarten hinter uns gelassen, dafür haben wir einen Ausflug in die Antike vor uns. Nach all den schweizerischen und deutschen Städtchen wollen wir nun eine römische Stadt besuchen: Colonia Augusta Raurica, das unbestrittene Zentrum Roms am Hochrhein. 44 v. Chr. als Garnisonsstadt gegründet, entwickelte sie sich schnell zu einer Großstadt und stand im 2. Jahrhundert n. Chr. in voller Blüte. Davon zeugen die zahlreichen Bauwerke wie Tempel, Theater und Thermen, deren Ruinen durch Ausgrabungen auf dem rechten Ergolzufer in Augst zutage gebracht wurden. Das römische Theater konnte 10.000 Zuschauer fassen [45]. Der Gang durch die archäologische Stätte wird zur Zeitreise, zumal die gelungene Rekonstruktion eines römischen Wohn- und Geschäftshauses, das »Römerhaus«, unserer Fantasie dabei hilft, die antike Stadt im Geiste wiedererstehen zu lassen: Markttreiben auf dem Forum, Pferdewagen auf den sechs Meter breiten Schotterstraßen, die gesäumt waren von überdachten Gehwegen; eine Art Einkaufszentrum an einem Hof, um welchen Läden, Arkadengänge und Terrassen angeordnet waren und muntere Geselligkeit in den beiden römischen Bädern. Der Silberschatz von Kaiseraugst und andere bedeutende Ausgrabungsfunde, die im Museum ausgestellt und teilweise auch im Freien konserviert sind, verdeutlichen die kulturelle Blüte jener Zeit.

Die Stadt Augusta Raurica wurde durch eine mehrere Kilometer lange Wasserleitung mit dem lebenswichtigen Naß versorgt, und hohe Kanäle brachten das Abwasser in den Rhein, der schon damals von einer Brücke überspannt wurde. Die Grundmauern des römischen Brückenkopfes beim rechtsrheinischen Wyhlen und eine große Zahl von Resten römischer Gutshöfe bezeugen die Kolonisierung durch Rom zu beiden Seiten des Hochrheins. Sie dienten der Überwachung der unterworfenen einheimischen Bevölkerung ebenso wie der Versorgung der Städte und Garnisonen mit Lebensmitteln. Der Niedergang der römischen Stadt setzte im 3. Jahrhundert ein, als die nach Süden vordringenden Alemannen den Limes überrannten und Augusta Raurica im Jahre 260 n. Chr. zerstörten. Zwar verschwanden die Römer damit noch nicht aus dem Rheintal, denn immerhin errichteten sie kurz vor 300 n. Chr. noch einmal ein großes Kastell auf dem Boden des heu-

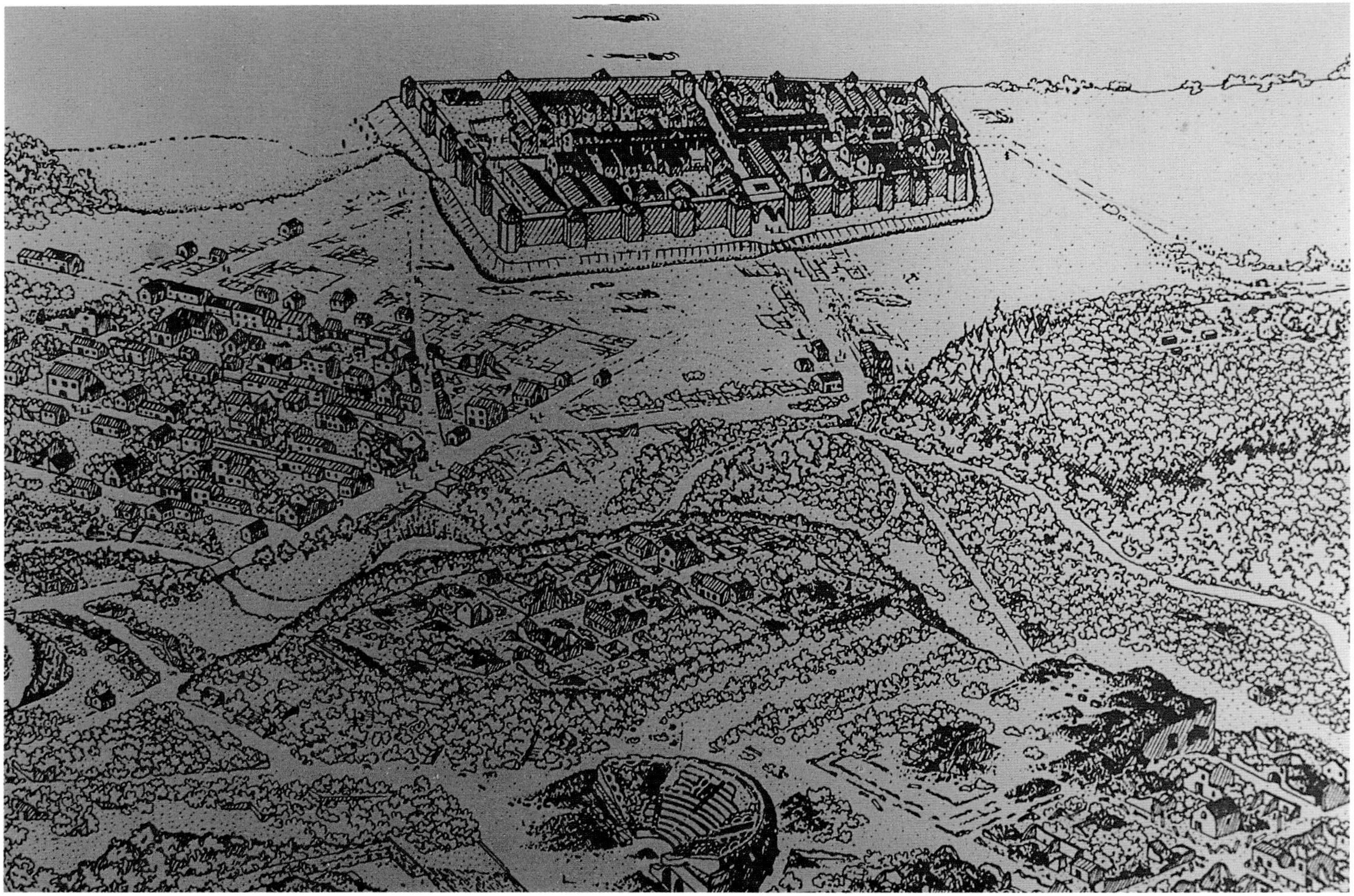

*Rekonstruktion des spätrömischen Kastells Castrum Rauracense am Ort des heutigen Kaiseraugst*

tigen Kaiseraugst [46]. Ein gutes Jahrhundert wohl konnte sich die römische Macht am Hochrhein noch halten, doch wurde der Einfluß der zuwandernden Alemannen immer größer, die ja als sogenannte »Föderaten« im Grenzbereich des Imperiums angesiedelt wurden, um gegen Bezahlung von Jahrgeldern den Grenzschutz zu übernehmen. Damit entstanden vermehrt germanische Siedlungen auf römischem Boden. Um 430 n. Chr. mußten die Römer den Rhein als Grenze endgültig aufgeben, und aus der römischen Stadt Augusta Raurica wurden allmählich die alemannischen Dörfer Augst und Kaiseraugst [47].

Fast schon ist unsere Velotour entlang des Hochrheins zu Ende. Wer meint, jetzt erst recht loslegen zu müssen, kann mit seinem – hoffentlich guten – Rad noch einen zwar anstrengenden, aber überaus reizvollen Umweg über das Hochrhein-Hinterland in den Basler Jura machen. Hier, wo die beiden Nebenflüsse Ergolz und Birs dem Rhein zuströmen, lädt eine gut erschlossene Juragebirgslandschaft zum Erkunden von Tälern, Wäldern und Höhen ein, die eine stattliche Anzahl gut erhaltener Schlösser und Burgruinen bergen. Über die Kantonshauptstadt von Basel-Landschaft, das überaus hübsche Städtchen Liestal mit seinem gepflegten mittelalterlichen Kern erschließen uns Seitentäler der Ergolz romantisch gelegene Burgruinen wie die 1240 erbaute und 1797/98 niedergebrannte Neu-Homburg bei Buckten oder das auf 506 Metern Höhe im Reigoldswilertal gelegene Schloß Wildenstein (13. Jh.) die einzigartige Juralandschaft. Bei Bad Bubendorf sollte man einen Abstecher ins Waldenburgertal erwägen, das durch eine Schmalspurbahn an die SBB-Hauptstrecke Basel-Olten angeschlossen ist. Es lohnt sich, das Velo für eine Weile in Liestal verschnaufen zu lassen und die vierzehn Kilometer bis Waldenburg mit der entzückenden kleinen Museumsbahn hinter sich zu bringen. Nach der Ankunft an der Endstation rückt die mächtige Ruine einer Burg ins Blickfeld, die dereinst über den vom Oberen Hauenstein (731m hoher Jura-Paß) kommenden Handelsweg zu wachen hatte. Das Tal überragende Festungsgemäuer verlocken zum Aufstieg, und von dort weiterzuwandern bietet sich früh am Tage noch an. Ein Wanderweg führt hinauf nach Titterten, wo wir uns nordostwärts halten sollten. Nahe einer Doline gelangen wir zur Kante der Jurakalkstufe über dem Waldenburgertal und können nach etwas mehr als halbem Weg bis Lampenberg den Blick in alle Richtungen schweifen lassen. Der ausgeschilderte Hauptwanderweg führt schließlich nach Hölstein hinunter, wo

*Ruinen der römischen Stadt Augusta Raurica im schweizerischen Augst.*

wir am Flüßchen Vordere Frenke wieder auf eine Station der Waldenburger Bahn treffen. Jenseits des Bergkammes jedoch führt ein Waldweg zum Murenberg (531 m) hinüber, der den Blick auf das Tal der Hinteren Frenke und deren Zusammenfluß mit der aus Hölstein kommenden Schwester freigibt. In einer guten halben Stunde Fußmarsch von dort oben ist dann schon wieder Bubendorf zu erreichen.

Um von Liestal über die Höhenzüge des Basler Juras hinweg ins Birstal hinüber zu kommen, bieten sich vor allem zwei Möglichkeiten an: Zunächst könnten wir vom Rand der Altstadt, nahe des Bahnhofs Liestal, nach Süden am Orisbach entlangfahren. In einem engen Tal gelangen wir nach Büren im Kanton Solothurn, von wo der steilere Anstieg nach Seewen beginnt. Das freie Feld westlich des Dorfes barg einmal einen See, der heute verlandet und nur noch vom Seebach durchflossen ist. Ihm zu folgen bedeutet, in seine enge, von steilen bewaldeten Felsen gesäumte Schlucht vorzustoßen, die er zwischen den Eichenberg und den fast bis auf neunhundert Meter Höhe reichenden Homberg gegraben hat. Wenn er bei Grellingen in die Birs mündet, könnte man leicht mit dem Gedanken spielen, weiter die Birs flußaufwärts zu fahren, die knapp einen Kilometer vor Grellingen aus einem eindrucksvollen Felsentor herausfließt. Doch dieses Unterfangen könnte uns ohne weiteres immer mehr bergauf bis in die Gegend von Biel und damit zu weit weg von unserem Hochrhein führen. Flußabwärts dagegen entschädigt uns die Birsklus, eine Talenge, durch welche die Birs bei Pfeffingen in ein weites Tal eintritt, und das über sie wachende Schloß Angenstein allemal. Dessen wehrhafter Wohnturm war im 13. Jahrhundert von den Basler Bischöfen auf einem Kalkfelsen über dem Fluß erbaut worden, um die Handelsverbindung mit Lausanne zu kontrollieren. Gleiches gilt für die Pfeffinger Burg, die auf der Bergkante südlich des namengebenden Dorfes über dem Birstal thront. Nachdem die Burg Angenstein im großen »Basler Erdbeben« von 1356 und später durch Brände starke Schäden erlitten hatte, erfuhr sie unter den im Jura heimischen Grafen von Thierstein zahlreiche Umbauten, die zur heutigen Schloßgestalt führten.

Die andere Fahrmöglichkeit von Liestal ins Birstal, die wir uns als eine etwas kürzere Strecke erwählen, führt nahe des Liestaler Bahnhofs westwärts auf einer Straße bis Nuglar, von wo eine kurvenreiche Strecke die steile Kante der

*Blick von der Schartenflue, einem 745 Meter hohen Juragipfel im Baselbiet.*

Juraplatte überwindet, auf der sich das Dorf Gempen in fast 700 Meter Höhe ausbreitet. Bei halbwegs klarem Wetter sollte man sich keinesfalls den Aussichtsturm entgehenlassen, der auf der Schartenflue (745 m) hoch über der Ruine von Schloß Dorneck steht. Eine windungsreiche Straße würde von Gempen nach Dornach hinabführen, doch uns zieht es weiter nach Norden. Zwischen Stollen und Schönmatt öffnet sich der Blick ins Tal nach Arlesheim, wo das Schloß Birseck die Sicht auf die Arlesheimer Domkirche verdeckt. Von Schönmatt geht es stetig abwärts, und sobald wir aus dem Wald auf eine Teerstraße kommen, sollten wir uns rechts halten.

Damit rollen wir in Muttenz direkt auf die einzigartige Wehrkirche zu. Heute quasi eine Verkehrsinsel im Herzen des alten Muttenz, scheint sich die Pfarrkirche St. Arbogast durch die sie umgebende runde Ummauerung gegen das moderne Zeitalter schützen zu wollen. Tatsächlich ist das wehrhafte, mit seinen weißen zinnengekrönten Mauern und einem hübschen Torturm gar nicht bedrohlich wirkende Gotteshaus um 1420 als Wehrkirche erbaut worden. Eine solcherart befestigte Kirche findet sich nirgendwo sonst in der Eidgenossenschaft, und auch die spätgotischen Fresken sowie die großartige Holzdecke von St. Arbogast suchen ihresgleichen. Das Grün zwischen Umfassungsmauer und Gotteshaus strahlt Stille und Frieden aus – eine Atmosphäre, von der wir soviel als möglich in uns aufnehmen sollten, bevor wie uns auf-

*Barocker Altar der Arlesheimer Domkirche.*

machen, unser von der SBB gemietetes Fahrrad durch den nunmal nicht so stillen und friedlichen Stadtverkehr der Großstadt Basel zu steuern und mit der Rückgabe am Bahnhof unsere Hochrhein-Reise zu beenden.

*Die schon fast sechs Jahrhunderte alte Wehrkirche St. Arbogast in Muttenz.*

# Sagenhaftes vom Hochrhein

Die alten Franken und Alemannen, die um den Rhein wohnten, verehrten außer Naturerscheinungen auch Flüsse und Quellen, und »Vater Rhein« kam gewiß eine besondere Bedeutung zu – was u. a. durch die sogenannte »Wasserprobe der Kinder« angedeutet wird: »Die ältesten Anwohner hielten den Rhein nämlich mit einer solch wunderbaren Natur und Eigenschaft begabt, daß sie ihre Kinder gleich nach der Geburt zur Prüfung ihrer ehelichen Zeugung dem Strom übergaben, der die rechtmäßigen Abkömmlinge sanft wieder an das Ufer spülte, die unechten aber ›mit ungestümen Wellen und reißenden Wirbeln als ein zorniger Rächer und Richter des Unreinen‹ unter sich zog und ersäufte« [48].

In allen alten Volkslegenden, die auf die Zeit vor der Christianisierung zurückgehen, raufen sich um den Hochrhein die Wetterhexen und Freijäger, die Erdmännlein der Höhlen, die Irrlichter der Wälder und Sümpfe, die Drachen und Bärenhäuter. Mit zunehmendem Einfluß des Christentums folgen dann im ganzen Dinkelberg die Legenden der Wunder- und Himmelszeichen von der Wallfahrtskirche des nahen Dorfes Eichsel bis zu St. Chrischona, die Sagen der Kreuz- und Bildstöckle und des Mägdebrunnens [49]. Um einen kleinen Eindruck vom Sagenschatz zu bekommen, der typisch ist für das Hochrheingebiet und seine angrenzenden Landschaften, sollen hier einige der wichtigsten und denkwürdigsten Beispiele dieser Volkserzählungen aufgeführt werden.

### Die Anekdote vom Bäcker zu Stein

(Stein am Rhein)

Die Fassadenbilder des Rathauses von Stein am Rhein erzählen uns die Anekdote von dem wackeren Bäcker, der im Jahre 1478 die in Schutz- und Trutzbündnis mit Zürich und Schaffhausen stehende Stadt vor einem Überfall eines österreichisch gesinnten Hegauer Heeres rettete. Und zwar hatte er im Morgengrauen am Rheinufer mitangehört, wie in einem Nachen sitzende Reisige (berittene Söldner) miteinander sprachen. Und wie der eine Söldner den andern fragte, ob es denn Zeit sei, den Sturm auf die Stadt zu beginnen, der Bäcker das bis heute in Stein geflügelte Wort sprach: »No e Wili!« Diese kleine Weile nützte der Bäcker als guter Bürger seiner Stadt aus, um seine Bürgergenossen sogleich zu alarmieren: »Zu den Waffen! An den Rhein!« so daß ihnen die Besatzung durch die Hegauer Nachbarn erspart geblieben ist. [50].

### Gründungslegende der St. Nikolauskapelle zu Obergailingen

(Gailingen)

Während der Heuernte spielte das wenig Jahre alte Knäblein des Hofbauern [51] daselbst in der kühlen Scheune, stieg auf das bereits eingebrachte Heu hinauf und schlief hier, wohlig im Weichen gebettet, schließlich ein. Die von der Wiese zurückgekehrten Eltern, sowie Knechte und Mägde, luden nun neues Heu auf den Stock und suchten den Knaben allenthalben. Da er jedoch nirgends gefunden ward, bemächtigte sich ihrer große Unruhe, und sie mußten endlich glauben, er sei in den nahe vorüberfließenden Rhein gefallen und ertrunken. Den Eltern verging die nächste Zeit in traurigem Gedenken an ihr Kind, das, wie sie meinten, eine dunkle Fügung ihnen genommen. Aus dieser stillen Ergebung in den Willen eines unabänderlichen Schicksals aber wurden sie jäh gerissen, als im nächsten Frühjahr beim stetigen Abtragen des Heustocks die armen Reste des erstickten Knaben gefunden wurden. In furchtbarer Erkenntnis des schrecklichen Todes ihres Lieblings gelobten die Eltern, am Rheinufer eine Kapelle zu seinem Gedächtnis und zu ihrer Entsühnung zu erbauen, die nun als Obergailinger Kapelle jeden auf dem Rhein Vorüberfahrenden in ihrem grünen Idyll erfreut [52].

## Hobelgeiß und Hilpetrütsche

(Büsingen, Gailingen)

Die Hobelgeiß in Rheinhardt und im Herblingertal wird geschildert als ein Tier mit drei Beinen, mit funkelnden, tellergroßen Augen und bis an den Boden reichenden Zotteln. Mit diesem Schreckgespenst flößte man zur Dämmerstunde den Kindern Furcht ein. Der »Hobelwald«, in dem das Tier spukte, ist ein auf Büsinger Gemarkung liegender Hügel, welcher der Stadt-Schaffhausen gehört [53].

In Gailingen kennen die Alteingesessenen die »Hilpetrütsche«, welche im Wald zu jagen man neuangekommene Fremde oder Zugereiste auffordert: dazu brauche man einen Sack und einen Knüppel, mit dem in stockdusterer Nacht gegen die Baumstämme geschlagen wird, um sie aufzuscheuchen und in den Sack zu jagen.

## Der Teufel unterm Birnbaum

(Büsingen)

Zwei Burschen wollten einst des nachts einen Birnbaum bei Büsingen plündern. Da nun aber der Eigentümer davon Wind bekam und eben in dieser Nacht, wo es geschehen sollte, in den Zweigen verborgen, diesem bösen Vorhaben begegnen wollte, schlichen die Burschen, die davon wußten, jeder mit einem Licht auf dem Kopf heran, indem der eine mit kreischender Stimme durch die Nacht rief: »Düfel, wo wämmer zäme cho?« und der andere antwortete: »Großmueder, unter's Jakobs Birebaum«, worauf der Jakob entsetzt herabsprang und, zu Tod erschrocken, über die Felder heimrannte, seine Birnen dem Teufel und dessen Großmutter überlassend [54].

## Der kopflose Mann

(Büsingen)

In einer mondhellen Nacht schnitten im Büsinger Gewann »Im langen Markstein« eine Anzahl Mägde Korn unter Aufsicht eines Schnittmeisters, der ihnen auf einem mitgenommenen Dengelstock die Sicheln schärfte. Um Mitternacht sahen sie plötzlich eine kopflose, männliche Gestalt feldeinwärts wandern, die ihnen zurief: »Den Tag zur Arbeit, die Nacht zur Ruhe!« Da nun die Gestalt im Weiterschreiten an einen durch eine Feldstraße verursachten Geländeeinschnitt kommen mußte, warteten die nächtlichen Schnitter gespannt, wie die kopflose Person über den genannten Hohlweg hinüberkäme. Zu aller Erstaunen schwebte der Geist unbekümmert um Straße und Weg über die Tiefe hinweg und verschwand jenseits in der Dunkelheit, jedoch nicht, ohne nochmals mit hohler Stimme zurückgerufen zu haben: »Den Tag zur Arbeit, die Nacht zur Ruhe!«, worauf Schnittmeister und Schnitterinnen die angefangene Arbeit ließen und eiligst nach dem schlafenden Dorfe zurückkehrten [55].

## Das Narrengericht zu Stockach

(Stockach/Hegau)

Erzherzog Leopold von Österreich hatte mit seinen Kriegsobersten einen feinen Plan ausgeheckt, wie er wolle den Schweizern ins Land fallen. Nun hatte er einen kurzweiligen Narren, hieß Kuoni von Stocken, der war stets um ihn und auch dabei, wie der Beschluß geschah; zu dem sprach der Erzherzog scherzenderweise: »Kuoni, wie gfällt dir die Sach?« Der Narr gab zur Antwort:

»Es gfällt mir nit. Ihr hent alle geraten, wie Ihr in das Land wöllent kommen, aber keiner hat geraten, wie Ihr wieder daraus wöllent.«

Der Erzherzog zog mit seinem Heer nach Morgarten, wo er am 16. November 1315 von den Eidgenossen aufs Haupt geschlagen wurde und nach verlorener Schlacht von dannen zog. Nun erinnerte er sich an des Narren kluge Rede und versprach ihm Belohnung. Da erbat sich Kuoni die Erlaubnis des Privilegiums zur Haltung des Narrengerichtes in Stockach, seinem Geburtsort, die ihm gewährt und bestätigt wurde und heute noch nicht ganz in Abgang geraten ist [56].

### Der Poppele vom Hohenkrähen

(Hegau)

Weil er einst einen ihn ob seiner Magerkeit verspottenden Abt ins Verließ geworfen hatte und von jenem darum verflucht worden war, soll der im 14. Jahrhundert lebende Hohenkräher Burgvogt Johann Christof Popelius Maier bis heute als der »Poppele vom Hohenkrähen« durch den Hegau spuken. Dort existiert daher ein Hausschatz von Sagen, die vom Schabernack berichten, den der Poppele – eine Art Hegauer Eulenspiegel – als Geist mit Fuhrleuten, Geizkragen und Säufern, insbesondere aber mit Geistlichen trieb. So ist uns von Ludwig Finckh die Geschichte einer Äbtissin von Amtenhausen überliefert, die einst am Fuß des Hohenkrähen vorüberzog. Der Poppele blockierte die Räder ihrer Kutsche. Als weder Beten noch das Angebot eines Lösegeldes weiterhalf, soll die Äbtissin verzweifelt gefragt haben:

»Was soll ich denn tun, Herr Poppele, daß Ihr mich weiterlaßt?«

»Eine Kleinigkeit. Nur einen saftigen Fluch aus eurem Munde will ich hören.«

»Kotz Heidenblechle!«

»Zu schwach, viel zu schwach.«

Daraufhin soll ihr der Kutscher einen von Herzen kommenden Fluch eingeflüstert haben, den sie zum besten gab: »Da soll doch ein Heiligkreuzsiedigsdonnerwetter euch den Arsch verreißen!«

Worauf der Poppele gelacht haben soll: »Brav, Frau Äbtissin!« und der Wagen weitergerollt sei [57].

### Schweizerwort gilt!

(Blumenfeld/Randen)

Im sogenannten Schwaben- oder Schweizerkrieg (1499) belagerten die Eidgenossen auch Burg und Städtchen Blumenfeld, darin mit nur schwacher Besatzung Rudolf von Tengen sich zu verteidigen suchte. Die Not der Belagerung stieg aufs höchste, nachdem sowohl die Lebensmittel als auch die Munition ausging und mit dem Einbruch des Feindes daher stündlich gerechnet werden mußte. Der Freiherr wußte sich keinen Rat mehr, als mit den Schweizern zu verhandeln und ihnen sein eigenes Leben für das seiner Gefolgsleute und Untertanen anzubieten. Diese waren sehr davon angetan, daß er selbst sich in ihre Hände begeben wollte – denn gerade seiner wollten sie habhaft werden, und ließen ihm daher ausrichten: »Weil du selbst dein Leben für das deiner Leute anbietest, so sollen diese frei und und ungehindert abziehen, Männer und Weiber und Kinder, und zwar mit dem besten was sie ihr eigen nennen!« Der Burgherrin, Rudolfs Gattin, wurde sogar gestattet, all jene Schätze aus dem Schloß mit fortzunehmen, die sie selbst tragen konnte.

Bald darauf öffnete sich das Stadttor, und als erste verließ die Freifrau in einfachem Gewand die Stadt. Auf ihrem Rücken trug sie, zur Überraschung der Eidgenossen, die Last des Gemahls, Rudolf von Tengen. Als sie an den Belagerern vorbeiziehen mußte, rief sie jenen zu: »Das Teuerste von allem ist mein Gatte, den ich hier auf dem Rücken trage. So nehm ich das Beste mit fort, wie Ihr mir es gewährt habt. Ihr werdet doch euer Wort halten?«

»Schweizerwort gilt!« riefen ihr die Schweizer Hauptleute zu, und: »Freiherr, Ihr habt eine gute Frau! hütet sie wohl!« Also hielten die Eidgenossen nicht nur ihr gegebenes Wort, sondern lobten die tapfere Freifrau ob ihrer »Hegauer Weibertreue«. Dann jedoch »verbrannten sie das Städtlein zu Pulver«[58].

### Warum so viele Lupfener Grafen Hans geheißen ...

(Hohenlupfen/Hegau)

Auf dem Höwen im Hegau soll ein großer Schatz vergraben sein. Ein Erdmännlein, das dabei Wache hält, soll den Leuten eines Tages verraten haben, nur ein Graf von Lupfen mit dem Vornamen Hans könne den Schatz gewinnen. Darum waren die Lupfener immer darauf bedacht, sich den Namen Hans zuzulegen [59].

### Die Gründung des Klosters Rheinau

(Rheinau)

Als noch auf dem Platz, wo jetzt Schaffhausen liegt, nur ein Kloster und eine Schifflände waren, fischte einst dort im Rhein ein reicher, vornehmer Edelmann. Darüber schläfrig geworden, lenkte er den Nachen, worin er allein war, in eine Bucht, legte sich in ihm nieder und schlummerte ein. Während er so im Schlaf lag, wurde der unbefestigte Kahn von den Wellen allmählich aus der Bucht in die Strömung des Flusses gespült, und nun ging es mit ihm schnell und stets schneller dem Rheinfall zu. Der Edelmann schlief noch immer und erwachte selbst dann nicht, als er mit dem Nachen den gräßlichen Fall hinabgerissen wurde. Als er die Augen aufschlug, lag der Kahn, unbeschädigt wie er, eine Stunde unterhalb des Rheinfalls am einsamen Ufer. Da erkannte der Edelmann, was mit ihm geschehen und wie er wunderbar von Gott erhalten worden. Zum Dank hierfür stiftete er am gleichen Ort ein reiches Kloster, aus welcher die einstige Benediktinerabtei Rheinau hervorgegangen war [60].

### Fluhhaldenmännlein und Fluhhaldenweiblein

(Klettgau)

Gegenüber Degernau ist die Fluhhalde. Über sie führte früher die Landstraße, die jetzt durch das Tal gebaut ist. In diesem Berge wohnten zwei Zwerge, das Fluhhaldenmännlein und das Fluhhaldenweiblein. Sie spielten den Fuhrleuten allerlei Schabernack. Bergauf ging der Wagen zu schnell; bergab kamen sie nicht von der Stelle. Die Fuhrleute mußten dann immer die erste Speiche, die der Wagner ins linke Rad gemacht und angezeichnet hatte, abschlagen. Dann bekam das Fuhrwerk wieder den richtigen Gang [61].

### Der stolze Freiherr von Krenkingen

(Klettgau)

Von den ehemaligen Freiherren von Krenkingen erzählt man, daß einer derselben, als Barbarossa in die Stadt Thiengen kam, bei dessen Vorbeizug sich nicht von seinem Stuhl erhob. Auf die Frage des Kaisers, warum er ihm die schuldige Ehre nicht erweise, erwiderte jener, er erkenne auf seinem Grund und Boden außer Gott niemand als seinen Herrn an [62].

### Die drei Wasserstelzen

(Hohentengen/Kaiserstuhl)

Inmitten des Rheinstromes lag auf einem Inselfelsen die zerfallene Burg Schwarzwasserstelz, vom Volk kurz das schwarze Schloß geheißen, weil in alter Zeit die Burg auf die schwarze Felsenstelze erbaut worden war. Jetzt ist das Gebäude, das zuletzt als Mühle benutzt wurde, abgetragen. Auf dem festen Wasserschloß saß vor vielen hundert Jahren ein mächtiger Freiherr mit seinen drei Söhnen Jakob, Kurt und Marquard. Sie waren alle drei wackere Kämpen, und der alte Ritter ging oft mit sich zu Rate, welchen von den dreien er als den Würdigsten zum Nachfolger erwählen sollte. Endlich, da er gar nicht mit sich einig werden konnte, ging der Ritter zu einer alten Frau, die nicht weit von der Burg im Hohentengener Wald hauste und im Ruf großer Weisheit stand, und fragte um Rat. »Demjenigen, dessen Name dir auf dem Heimweg von einem Tier zugerufen wird, dem gib dein Hab und Gut, er ist der Bravste«, so lautete des Weibes Bescheid. Der alte Herr ritt davon und sann über die seltsame Rede der alten Frau nach. Wie er aber nach einer Weile aus dem Wald an den Rhein geritten kam, flog ihm ein Rabe entgegen, der mit heiserer Stimme schrie: »Jak, Jak, Jakob.« – »Nun, da haben wir's«, rief der Ritter erstaunt bei des Vogels Geschrei, »Jakob, mein Jüngster, soll der Erbe meiner Güter werden, die Alte wußte doch Bescheid.«

Nachdenklich davonreitend kam der Ritter an einen Sumpf; mitten in den Binsen saß ein riesiger grüner Frosch, der quiekte und quakte dem Ritter aus Leibeskräften entgegen: »Marg, Marg, Marquard.« – »Also auch der Zweitjüngste soll an der Herrschaft teilnehmen«, sagte aufhorchend der alte Ritter. Und es betrübte ihn sehr, daß der Erstgeborene allein leer ausgehen sollte. Von der Tiere Weisheit nicht sonderlich erbaut, ritt er davon, und bald sah er von weitem die Umrisse seiner Burg. Unweit der Teufelsbrücke aber hörte er plötzlich vom Hügel jenseits der Schlucht herab das Geschrei einer wilden Taube: »Gur, Gur, Kurt.« Der Ritter wußte nicht, was er denken sollte, jetzt war er gerade so weit wie am Morgen. Da kam ihm endlich ein guter Gedanke: Sind alle gleich brav, so sollen sie auch gleich viel haben.

Also teilte er seine Güter und baute für Jakob das Schloß Rotwasserstelz oder Rötteln gegenüber dem Städtlein Kaiserstuhl am Rhein. Für Kurt errichtete er eine Burg auf dem Hügel, darauf die Taube geschrien und nannte sie Weißwasserstelz. Marquard aber erhielt das alte Stammschloß am Rhein, weil sein Name von einem Wassertier gerufen worden war. Von Schwarzwasserstelz berichtet die Sage, daß einst dort hausende Ritter den Verkehr auf dem dortigen Stromgebiet unsicher machten, indem sie die Leute durch Pfeilschüsse zwangen, zu landen und Durchgangszoll zu zahlen [63].

## Zur Ach mit Weh und Ach

(Zurzach)

Die Stadt Zurzach behauptet, sie habe römisch Certiacum geheißen, und will dies mit einer Inschrift beweisen, die neben der Türe der Pfarrkirche zur Hälfte eingemauert ist, während das andere Bruchstück ehemals am Zurzacher Propsteihause gelegen und besagt habe: daß dieser Stein zum Andenken an den von Wien gebürtigen Veteran-Soldaten der dreizehnten Legion, Marcus Junius Certus, von dessen Erben gesetzt worden sei. Derselbe Certus soll nun das verwüstet gewesene Certiacum gebaut oder verschönert haben, und daraus sei Zurzach geworden. Weniger gelehrte Leute haben seit alter Zeit behauptet, die Deutschen hätten jeden unbedeutenden Stadtbach Ach genannt, und da Zurzach auch an einem solchen liege, der da in den Rhein fließt, so habe es zur Ach geheißen. Der unmittelbar hinter der Stadt ansteigende Achenberg habe eben daher seinen Namen. Aber auch dies lassen die Kuriositätenkrämer nicht gelten und wollen ihn lieber von den Seufzern und Flüchen der Fuhrleute so getauft sein lassen, die über diesen unwegsamen Berg zur Zurzacher Messe fahren müßten [64].

## Die heilige Verena in Zurzach

(Klingnau, Koblenz, Zurzach)

Solange die heilige Verena noch zu Solothurn wohnte, konnte sie dorten beim heidnischen Stadtvolke wenig Gutes ausrichten; man ließ sie in ihrer Einsiedelei draußen im Jura hinter Fels und Wald an ihrer kalten Quelle sitzen, und hörte nicht auf sie. Als sie aber einmal bei einer Hungersnot vierzig Säcke Mehl um ihre Klause aufstellen ließ und Krapfen buk, war den Stadtkindern der Weg bald nicht mehr zu weit, sie kamen zahlreich gelaufen und wollten Wecken essen. Jedem schenkte sie einen und sagte ihm dabei den Glauben vor. Das Mehl ging ihr nicht aus, und das Brot wuchs den Kindern unter den Zähnen, bald war die erste Kleinkinderschule fertig. Aber der neidische Teufel will überall seinen Stein darin haben. Ihm war's nicht recht, daß die Jungen anders werden sollten als die Alten; er riß also an der Jurawand ein Felsenstück los und schleuderte es gegen die Zelle hinunter. Es blieb jedoch gerade noch oberhalb des Daches liegen; da ist der schwarze Steinblock noch heute zu sehen mit eben so viel Löchern als der eifersüchtige Teufel damals Krallen hineindrückte.

Nun hatte die Heilige hier ihres Bleibens nicht mehr. Sie nahm sich einen Mühlstein, der an der Solothurner Aare zum Verladen lag, und schwamm auf diesem den Fluß ins Aargau hinunter. Als sie am Städtchen Klingnau vorüberkam, fingen drinnen alle Glocken an von selber zu läuten. Die Klingnauer aber hatten dazumal noch ihre Häuser so gebaut, daß deren Fenster alle ins Städtchen hinein, keine aber auf den Fluß herausschauten; man konnte also die Heilige nicht vorbeifahren sehen und noch weniger sich das Geläute erklären, zu dem nicht die besondere Erlaubnis eingeholt worden war. Sie sprangen zum Stadtsigrist und lasen ihm sogleich tüchtig den Kavelantes. Sie brachen die Turmtüren auf, um die bösen Buben abzustrafen, die hier mutmaßlich eingestiegen waren. Aber sie erstaunten nicht wenig, als sie die Glockenstränge von unsichtbarer Hand gezogen hinauf- und herabschwingen sahen. Jetzt merkte man ein Wunder, bald entdeckte man auch oben vom Turme aus die Heilige, die draußen im Strome eben an der weiten Landzunge der Insel Au herunterfuhr. Während man eine breite ratsherrliche Beratung eröffnete und eine Reihe von Vorschlägen brachte, unter welcherlei ausgesuchten Ehrenbezeugungen die Verena durch Deputationen begrüßt und ins Städtchen hereingeleitet werden sollte, war sie bereits weit entfernt in dem öden Giritz ausgestiegen, einer Aarniederung, die damals nur von giftigen Sumpftieren eingenommen war. Hier hob Verena drei Finger zum Himmel empor und steckte sie in den Sand des Uferlandes. Sogleich entsprang hier das Verenabrünnlein, dessen stets klares Wasser auch jetzt noch für heilkräftig gilt. Nachdem sie selber davon getrunken, ließ sie den Kleinstädtern Klingnaus das Nachsehen, und fuhr hinab bis zur Mündung der Aare in den Rhein.

Hier liegt am linken Flußufer das arme Schifferdorf Koblenz. Die Bevölkerung, die ihre Blicke stets auf dem Strome hat, aus welchem sie ihre Nahrung zieht, war der Heiligen sogleich ansichtig geworden, fuhr ihr auf allen Waidlingen entgegen und bemühte sich, sie samt ihrem Mühlstein ans Land zu rudern. Dann gestanden sie ihr die üble Lage, in der man sich hier befand – die daher kam, daß die Juden aus ganz Deutschland auf einer Stromödung ihren Begräbnisplatz zugewiesen bekommen hatten und daher, ob der großen Zahl ihrer Toten, dieselben nur so leicht im Flußsande verscharrt waren, daß die Luft davon verpestet worden war und eine Seuche ringsum in der Gegend wütete. Diese Krankheit wich alsbald beim Erscheinen Verenas.

Nun beeiferte sich auch das benachbarte Chorherrenstift im Markte Zurzach, hier zu erscheinen, und führte die fromme Frau mit Kreuz und Fahnen in allen Ehren heim in eine ihr mehr gebührende Wohnung. Auch den Mühlstein, auf welchem sie hergeschwommen, wollte man nicht zurücklassen. Man lud ihn auf einen Wagen und hatte ihn bis zum sogenannten Koblenzer Kreuz gebracht. Hier aber blieben alle Rosse, so viel man deren auch vorspannen mochte, unbeweglich stehen, und man war nicht im Stande, Wagen oder Stein vorwärts zu schaffen. Aber zurück nach Koblenz ließ er sich mühelos bringen, und hier ist er noch. Neben der Kirchtüre sieht man da in der Mauer eine Einsenkung, hinter deren Vergitterung der Stein nebst der Heiligen Bildnis verwahrt ist. Man traut ihm übernatürliche Kraft zu. Auch ist das Gewölbe, das ihn verwahrt, ganz allein unversehrt geblieben, als eine Feuersbrunst Dorf und Kirche einäscherte. Es hängt voll wächserner Füßchen und Ärmchen, welche die Leute opfern, wenn einem ihrer Kinder ein Schaden heilen soll. Über dem Stein sind die Worte zu lesen:

*Auf diesem Stein hier auf der Aaren*
*Die heilig Verena ist gefahren,*
*Ohne Ruder, Schiff und Schalten,*
*Wie solches geglaubt die frommen Alten.*

In der Krypta des Zurzacher Kirchenchors liegt die Heilige bestattet [65].

## Der lange Stein

(Tiengen)

Der lange Stein ist ein mächtiger Block von Nagelfluh, den die das Tal durchbrechende Wutach nicht aus seinem Lager zu heben vermocht hat. Bis zur Stunde ist er ein Gegenstand mannigfachen Aberglaubens. Von dort kommen die neugeborenen Kindlein, dorthin kommen nach dem Tod die gespensterartig umgehenden Bösen. Nach ihm soll einst der Graf von Sulz von der Altane seines Schlosses zu Tiengen aus zur Scheibe geschossen haben [66].

## Der Spuk im Schloß Homburg

(Tiengen)

Nicht weit vom Zusammenfluß der Wutach und Schlücht stand vor Zeiten das Schloß Homburg, von dem jetzt nur noch wenig Gemäuer übrig ist.

In dem Schloß hauste ein Ritter, welcher aus Kirchen und Klöstern einen großen Schatz zusammenraubte und ihn in dem unterirdischen Gang verbarg, der von der Burg auf das Schloß Küssaberg führte. Dort liegt er noch heute in den Höhlen der Teufelsküche, und alle hundert Jahre erscheint in der

Fastenzeit die Tochter des Ritters, um jemand zu finden, der den Schatz hebe und dadurch sie und ihren Vater erlöse. Sie ist ein wunderschönes Seefräulein mit goldgelben Haaren, nach den einen ganz wie ein Mensch, nach den andern unten wie ein Fisch gestaltet. Häufig badet sie in der Wutach, oder sonnt, wäscht und kämmt sich an deren Ufer. Zu einem Fischer, welcher nachts in dem Fluß zu fischen pflegte, kam sie öfters und sprach zu ihm: »Geh mit mir zu dem Schatz, berühre die Kiste worin das Geld liegt, dann muß der Böse weichen, und du erhältst all den Reichtum und erlösest mich und meinen Vater miteinander.«

Nach mehrmaligem Weigern folgte er ihr endlich; aber kaum war er unten, trieb ihn die Angst wieder zurück. Mit Bewilligung des Fräuleins nahm er das nächste Mal einen Kapuziner von Waldshut mit hinab. In der ersten Höhle, in die sie kamen, befand sich nichts von besonderem Wert, in der zweiten kostbares Kirchengerät nebst einem goldenen Kegelspiel, und in der dritten der Hauptschatz: eine große Eisenkiste voll Geld. Auf der lag aber ein schwarzer Pudel mit glühenden Augen und spie Feuer. Bei diesem Anblick fiel der Fischer in Ohnmacht, worauf der Kapuziner ihn hinaus ins Freie brachte, und das Fräulein klagte, daß sie mit ihrem Vater nun wieder hundert Jahre unerlöst bleiben müsse.

In dem Schloßgemäuer sind schon nachts geharnischte Männer zu Pferd und schöngekleidete Ritterfrauen gesehen worden [67].

**Der Müserngeist von Gebistorf**
(Gebenstorf)

Wie einst das Kloster Muri und die Gemeinde Bütikon um das Bannholz prozessierten, so die Stadt Baden und das Dorf Gebistorf um die Müseren, einen bedeutenden Wald oberhalb Gebistorf und Birmenstorf. Zur Zeit großer Not mußte Gebistorf den Forst gegen eine kleine Summe an den Spitalfond von Baden verpfänden. Als aber nach ungefähr sieben Jahren die Gemeinde das Geld zurückstellte, wollte Baden nichts mehr von Rückgabe und Austausch wissen, sondern behauptete, der Wald sei um jenes Geld förmlich der Stadt verkauft worden. Zu allem Unglück für die Gebistorfer war diesen der Pfandbrief verloren gegangen, doch ließen sie es im Vertrauen auf ihr Recht nun auf einen Eid ankommen, mit welchem die Badener vor dem Landvogt dartun sollten, daß sie den Wald wirklich gekauft. Die Stadt Baden schickte ihren Schultheißen, einen finstern Mann. Er leistete vor dem Landvogt den Eid ab, und Gebistorf verlor den Wald. Von Stund an hatte der Schultheiß ein blasses und verstörtes Aussehen, und als er nach sieben Jahren gestorben war, mußte er jede Mitternacht in einer Chaise im streitig gewesenen Holz herumfahren. Die Birmenstorfer erzählen, daß er einen Schimmel reite, einen weißen Regenschirm offen durch die Luft umschwinge und seinem Rosse »Hüscht umme« zuschreie. Ein ruchloser Bursche, der aus Übermut oft nachts im Bette aufstand und rief: »Tüfel, chumm und nimm mi!« wurde erst in diesen letzten Jahren noch vom Schimmelreiter arg zugerichtet, als er sich von ihm im Besenreis antreffen ließ. Einem Glashändler von Bünzen, der mit vielen grünen Guttern beladen durch den Wald kam, schlupfte er in eine Flasche und drückte ihn so lästig, daß dieser die ganze Tracht abwerfen mußte. Nun war alle Ware zusammen hin [68].

**Wie der Papst von den alt-aargauischen Städten bewirtet worden ist ...**
(Aargau)

Die Kirchenversammlung zu Konstanz war beendigt, Hus und Hieronymus verbrannt, Papst Johannes entsetzt, Papst Martinus V. gewählt, der Österreicher-Herzog Friedrich mit der leeren Tasche durchgegangen. Also auch reiste Martinus ins Welschland heim. Am 16. Mai 1418 machte er sich in Konstanz auf mit einem Gefolge von 6000 Rossen und einigen zwanzig Kardinälen. Schon in Schaffhausen mußte er der engen und bösen Wege halber einen Theil seines Trosses zurücklassen, damit er rascher fortkommen und namentlich bis zum 20. Mai in Bern eintreffen könne, wo man ihn bereits des Bestimmtesten erwartete. Mit geringerer Begleitung erreichte er so das erste Aargauer-Städtchen Brugg und hielt hier sein Nachtlager. Die Bürgerschaft suchte ihm das Allerbeste zu bieten, was rings um die bescheidenen Mauern wächst, und kochte ihm eine rosenrote Kirschensuppe. Martinus begnügte sich mit dieser illuminierten Fastenspeise und ritt des andern Tages ins zweite Städtchen Lenzburg. Auch dies bestrebte sich, die päpstliche Mittagstafel mit dem zu besetzen, was es selber für das Vorzüglichste hielt, und ließ jenen mit Sauerklee gemischten grünen Ziegerkäse von ätzendem Geruch auftragen, den man erst raspeln und schaben muß, um ihn beißen zu können; wegen dieser zahlreichen Tugenden und seiner kuriosen Form halber heißt er Schabziegerstock. Auch wieder ein Fasttag! dachte sich der Papst, suchte baldmöglichst vom Tafelgeruche weg in die freie Luft zu kommen und reiste in das zwei Stunden entfernte Aarau weiter. Die Rivalität dieses Städtchens gegen seine übrigen Landesschwestern war damals nicht geringer als heute; um also deren Luxus weit zu überbieten, kochte es die heute noch geltende Lieblingsspeise, eine mächtige Schüssel weißen Breies von solcher stockenden Beschaffenheit, daß man ihn nach Zähigkeit und Konsistenz Pappe nennt.

Wie strenge doch diese Aargauer zusammen mein Fastenmandat halten, dachte sich der blöde Magen des heiligen Vaters. Hier war's Abend geworden. Also schlief man aus Erschöpfung bald ein und reiste am andern Tage in das zwei weitere Stunden entfernte Städtchen Olten. Die zahlreichen Frösche der dortigen Wässerwiesen sind von alters her von den Kapuzinern daselbst schmackhaft befunden worden; daher kochte man dem hohen Gaste eine breite Froschsuppe. Das sind ja Christen der striktesten Observanz! meinten die hungernden Kardinäle. Doch sie konnten sich heute trösten; Schloß und Stadt Aarburg liegt hier so nahe, daß es mit seinen Turmspitzen fast in die Froschgräben Oltens hereinschaut. Dahin also brach man baldmöglichst auf. Dort aber sind in Hecken und Hägen die Schnecken so reichlich zu finden, daß das kleine Städtchen in der ersten Eile natürlich beschloß, seinen großen Besuch damit zu überraschen. Jedoch fünf Fastenmahlzeiten hintereinander, die schlechten Wege, die harten Betten – das war sogar einem Papste zu viel. Nur mit stolzem Zahne hatten seine Römer die Amphibiumskost berührt; für ihn war es ein bloßes Schauessen geblieben, er bestieg seufzend sein Maultier und ritt der Stadt Zofingen zu. Warum er die paar Stunden dahin in einer machte, läßt sich denken. Kaum war er daselbst im Moritzenstift abgestiegen, so erschienen mit Kreuz und Fahne zwölf Schulbuben in Mänteln und Chorröcken und deklamierten ihm – lateinische Verse! Ohe, jam satis! – schon saß dies Wörtchen des Überdrusses auf den Lippen des geplagten Kirchenfürsten, siehe, da senkten sich die Fahnen und Prozessionshimmel, die Reihe öffnete sich und durch ihr Spalier heran schritt ein mit Hahn, Fasan und Rebhuhn überhangener, blumenbekränzter, goldhorniger Mastochse. Gerührt stiftete Martinus auf der Stelle ein Schülerstipendium, und erzählte nachher über Tische seine neuesten Tafelerlebnisse mit herablassender Heiterkeit. Und seit dieser Zeit heißen die Brugger Chriesisüppler, die Lenzburger Schabziegerstöckli, die Aarauer Pappehauer, Oltner und Aarburger Schnecken und Frösche; die Zofinger aber, die bis heute starke Lateiner geblieben sind, und das angebliche päpstliche Stipendium auch jetzt noch unter der Benennung Fronfastengeld jedes Quartal ihren besten Lateinschülern verteilen, heißen Ochsen. Ein fliegendes Blatt aus der Neuzeit reimt darüber:

*Der Scherz mahnt alter Zeiten dich,*
*Wo man noch scherzt, da liebt man sich.*
[70].

**Der Hausgeist im Brandbalken**
(Mellingen/Reusstal)

In Tägerig, unweit Mellingen, brannte ein Strohhaus ab. Das Brennholz des niedergerissenen Gebäudes kaufte ein Mann aus der Umgegend an, um es nach seiner Wohnung heimzufahren. Nun gilt der Glaube, daß man niemals alles Holz zusammen von einer Brandstätte wegnehmen dürfe, weil man sonst leicht auch den Hausgeist mit sich brächte, welcher stets in dem Rest zurückbleibt, den man ihm auf der Baustelle liegenläßt. Dieses wußte zwar der Käufer, aber von Geiz getrieben ließ er's diesmal außer acht. Beim Wegfahren von der Brandstätte maß er noch einmal seine volle Ladung und fragte befriedigt den Knecht: »Jetzt haben wir wohl alles?« Eine Stimme von der Landwied her erwiderte schnell darauf: »Jo, fahret numme zue, i sitze scho uf der Landwidd hinde« [69].

## Der Schwarze im Pfahl

(Klingnau)

Der Schwarze im Pfahl wohnt zu Klingnau an jener verödeten Stelle, wo das alte Stammschloß der Herren von Klingen gebaut gewesen ist. Da steht nämlich zwischen dem Kalkgerölle unterhalb der Felswand der Rebberge ein morscher Pfahl, der längst keinen Zweck mehr hat. Dennoch hütet man sich, ihn umzubrechen; sonst käme der Schwarze, der in ihn gebannt ist, wieder los und ins Städtchen herab [71].

## Rudolf von Habsburgs Nase

(Habsburg)

Als Rudolf von Habsburg noch Graf war und sich auf seinem Schloß Kyburg aufhielt, kamen eines Tages die Herren von Regensberg – seine alten Nebenbuhler – zusammen und sprachen: »Diesmal soll der elende Graf unseren Händen nicht entwischen, diesmal soll er seine lange Nase verstoßen!« Nun war bei ihnen aber ein närrischer Mensch, den sie nicht achteten; dieser eilte sofort von Regensberg nach Kyburg, klopfte an das Tor und verlangte dringend den Grafen zu sehen. Als er hereingeführt wurde, betrachtete er sich das Antlitz des Grafen eine gute Weile und sprach dann kopfschüttelnd: »Nein, nein, so lang ist deine Nase doch nicht, wie meine Herren zu Regensberg heute gesagt haben!« Der Graf horchte diesen merkwürdigen Worten zu und sagte: »Was hast du gesagt, wie hast du gesprochen?« Der Narr aber erwiderte: »Meine Herren waren heute zahlreicher als sonst beisammen und sprachen: Dem Grafen wollen wir seine lange Nase zerreiben!« Nun merkte Rudolf sogleich, was im Werke war, sammelte seine Kriegsschar, brach gen Regensberg auf, traf unterwegs die gegen ihn verschworenen Ritter und schlug sie zu Paaren, so daß diesmal die Gegner mit langer Nase abzogen [72].

## Das Waldshuter Männlein

(Waldshut)

Waldshut war gebaut, auch wohl mit Wall und Mauern umgeben. Wie aber sollte man die Stadt nennen? In tiefem Sinnen saßen die Ratspersonen, eine hübsche Summe Geldes lag bereit, den würdig zu belohnen, der einen passenden Namen fände. Wiewohl jeder das Geld gerne gewonnen hätte, kam keinem ein rechter Einfall. Doch siehe, da tat sich die Türe auf, und ein Männlein kam herein von wunderlicher Art. Der dicke Knotenstock überragte den Knirps um ein gutes Stück, ein ungeheurer gelber Bart bedeckte ihm Brust und Leib. Geblendet von dem Glanz des Silbers fragte er, wer hier dies Geld empfange. Man sagte es ihm. Da war er schnell besonnen, nahm das Geld in seinen Hut und sagte dabei: »Ich streich das Geld in meinen Hut – die Stadt soll heißen Waldeshut!« Darauf eilte er spornstreichs zum Saale hinaus und war im Nu verschwunden. Im Saale aber erkannte man den schönen Doppelsinn des Wortes: die Hut des Waldes – des Schwarzwaldes Hut und gab dem Städtchen den Namen. Zum dankbaren Andenken nahmen die Waldshuter das Männlein in ihr Wappen auf und malten es ans Basler Tor [73].

## Die Wuttränen des Teufels

(Albtal)

Als die Glaubensboten das Christentum im heutigen Albtal verbreiteten, wurde der Teufel zornig und errichtete auf dem Berge, der in der Nähe der Teufelsmühle liegt, eine Burg. Die Leute erschraken. Der Glaubensbote aber klärte sie über das Teufelswerk auf und sagte ihnen, der Satan habe aus Bosheit die Burg gebaut. Die Leute folgten dem Prediger und nahmen das Christentum an. Als der Apostel predigte, schrie der Teufel aus Wut so stark, daß man die Worte des Predigers nicht verstehen konnte. Dann vergoß er aus Zorn bittere Tränen: Aus ihnen bildete sich ein Bächlein, das später Alb genannt wurde [74].

## Der Lehlifotzel

(Hotzenwald)

Auf dem Hotzenwald ging einmal im Sommer eine Frau in den Wald und suchte Beeren. Sie war gerade auf einem alten, verwachsenen Waldweg, der schon lange nicht mehr benützt wurde. Wie sie nun so eifrig Beeren pflückte, hörte sie plötzlich in ihrer Nähe unter

Peitschenknallen und Hü und Hott ein Fuhrwerk fahren. Das Geräusch kam immer näher, doch die Frau sah nichts. Aber plötzlich wurde sie mit Gewalt ein ganzes Stück in den Wald hineingeschleudert. Und das war der Lehlifotzel.

Der war vor langer, langer Zeit ein betrügerischer Holzhändler gewesen, der sein Holz nach Basel führte. Wenn er nun durch den Wald und an einer Holzbeuge vorbeifuhr, so stieß er mit dem Wagen an die Beuge an, daß sie übereinanderstürzte. Dann nahm er von dem Holz und lud es auf seinen Wagen. So stahl er mit der Zeit eine Masse Holz. Dafür mußte er nach seinem Tod auf der Strecke vom Hotzenwald bis nach Basel umgehen. Er fährt mit einem zweirädrigen Wagen die gleichen Wege, die er einst bei Lebzeiten gefahren. Manche Leute hören ihn bloß, andere sehen ihn auch. Er hat verschiedene Namen. Auf dem Hotzenwald heißt er Lehlifotzel, weiter unten Pfaffestegjockeli [75].

### Der feurige Mann

(Laufenburg)

Ein Laufenburger Schiffer, Joseph Zimmermann, fuhr eines Abends spät mit seinem Weidling von Säckingen heimwärts. Als er dem sogenannten Scheffigen (Anlandungsplatz) gegenüber war, sah er den jenseitigen steilen Rain herunter einen feurigen Mann kommen, sich dem Ufer nähern und mit den Händen fortwährend winken und andeuten, er möchte ihn herüberholen. Der unerschrockene Schiffer, wohl überlegend, daß er keine andere Wahl habe, wenn er nach Hause wolle, fuhr hinüber, nahm ohne alle Umstände den ungebetenen Rufer auf den Vorderteil des Weidlings und ruderte mit ihm nach dem jenseitigen Ufer zurück. Dort angekommen, wollte ihm jener zum Dank die Hand reichen. Allein der Schiffer, wohl wissend, daß es auf diese Art um ihn geschehen wäre, reichte dem Feuermännlein statt der Hand das Ruder, in welches jener dann auch deutlich alle fünf Finger einbrannte. Selbst dem Boden des Schiffchens hatte er, wo er gesessen, den ganzen Sitzteil vollständig eingebrannt.

So erzählen's noch viele Schiffer dort, wie sie es von ihren Vätern und Großvätern gehört haben [76].

### Der Schimmelreiter von Homburg

(Wittnau/Fricktal)

Als der Feind einst von dem Fricktaler Dorfe Schupfart aus gegen das Schloß Homburg anrückte, auf dem gleichnamigen Juraberge bei Wittnau gelegen, nahm er alle Bauern, die er auf seinem Wege traf, gefangen und stand also unangemeldet plötzlich vor der überraschten Burg. Der Schloßherr sah sich außer Stand, die Verteidigung zu wagen, aber auch an ein Entrinnen war nicht mehr zu denken, denn bereits war jeder geheime Ausweg von der Übermacht umzingelt. Hierauf versammelte er seine Leute und erklärte ihnen, er wolle sein Leben für sie alle einsetzen, und nur so lange, bis dieses geschehen, möchten sie die Burg noch zu halten suchen; werde er darüber zu Grunde gehen, so stehe es bei ihnen, dem Feinde unverweilt das Tor zu öffnen. Er bestieg seinen schneeweißen Schimmel und tat folgendes Gelübde: Auf derselben Stelle, die er im Sprunge mit seinem Roß erreiche, wolle er eine Kapelle bauen und ihr so viel an Ewiggeldern vergaben, daß sie bis auf fernste Zeiten zum Angedenken seiner eignen Rettung erhalten bleiben solle.

Alsdann ritt er bis auf den Rand des Walles hinaus, unter welchem der Homberg in einer ununterbrochenen Steile abfällt bis an die Sohle des Wittnauertales. Hier setzte er über den jähen Berg und durch den Hochwald hinab, und erst auf einem Hügel in den Feldern oberhalb Wittnau faßte sein Schimmel wieder Fuß. Alsbald sammelte er die Bauern um sich, fiel dem Feind listig in den Rücken und befreite Burg und Mannschaft. Auf dem Platze, auf dem er gerettet mit seinem Rosse gehalten hatte, ist dann die versprochene Kapelle errichtet worden. Sie ist heute noch in gutem Stande. Das Altarbild stellt den Ritter auf seinem Schimmel vor. Da aber das Patronizium der Dorfkirche zu Wittnau in der Ehre des heiligen Martinus steht, so erzählen einige Leute, jener Ritter sei der heilige Martinus selber gewesen und in dieser Kapelle sei sein echtes Ebenbild zu sehen [78].

### Der Totenbühl bei Murg
(Murg/Murgtal)

Vor alten Zeiten war in der Gegend von Niederhof Krieg. Die Toten wurden auf einem Hügel oberhalb Murg begraben, weshalb er Totenbühl genannt wird. Die Leichen von Niederhof müssen über jenen Hügel auf den Kirchhof nach Murg geführt werden; dabei kam es früher oft vor, daß sie von unsichtbaren Händen auf dem Bühl aus dem Leichenwagen gehoben wurden [77].

### Der Trompeter von Säckingen
(Säckingen)

Im 17. Jahrhundert wohnten die Freiherren von Schönau als Meier des Stiftes von Säckingen im Schönauerhof, in dem nach ihnen genannten Schloß. Der damalige Schloßherr war ein großer Musikliebhaber und hatte eine sehr schöne Tochter. Zur geselligen Unterhaltung vereinigte der alte Herr oft die Musiker der Stadt in seinem Schloß. Unter ihnen war auch Werner Kirchhofer, ein ansehnlicher junger Mann. Zwischen ihm und dem Freifräulein entspann sich bald ein inniges Liebesverhältnis, das der gestrenge Vater nur sehr ungern sah. Darum brachte er seine Tochter in die kaiserliche Burg nach Wien als Hoffräulein und dachte: aus dem Augen, aus dem Sinn. Die Tochter hatte sich jedoch mit Werner verständigt, daß er ihr folgen sollte, und als gegenseitiges Zeichen der Ankunft mit ihm verabredet, am Portal des Stephansdomes den Namenszug anzuschreiben. Werner reiste der Geliebten nach und fand bei seiner Ankunft das Zeichen am Portal; da erwartete er jetzt den Ausritt des kaiserlichen Hofzuges aus dem Dom. Als seine Braut ihn erblickte, sank sie vor freudigem Schreck in Ohnmacht. Der Kaiser forschte nach der Ursache, die ihm das Freifräulein auch offen gestand. Jetzt ließ der Kaiser Werner zu sich rufen, und da er großes Wohlgefallen an ihm fand, ernannte er ihn zum Hofkapellmeister und erwirkte schließlich auch des Vaters Einwilligung zum Ehebündnis der beiden [80].

### Der heilige Fridolin
(Bad Säckingen)

Der heilige Fridolin hat einst Säckingen vor einer Rheinüberschwemmung gerettet. Mit zwei jungen Kälbern führte er nämlich eine große Tanne in den Rhein und lenkte so den Strom von den gefährdeten Teilen der Stadt ab. Auf einem alten Bild in der Säckinger Pfarrkirche, wo seine Reliquien ruhen, ist das dargestellt. Das Fest des Heiligen, das sogenannte Friedlesfest, wird in Säckingen jedes Jahr am 6. März feierlich begangen. Viel auswärtige Wallfahrer kommen dahin, um an der Prozession teilzunehmen. Dabei wird in einem Glasschrein das Haupt des heiligen Fridolin mitgetragen. Wird es den Trägern schwer, so darf man auf ein fruchtbares Jahr hoffen [79].

### Schwedenholz und Schwedenloch
(Fricktal, Laufenburg, Wallbach, Rheinfelden)

Als die Schweden die Rheinstädtchen Laufenburg und Rheinfelden belagerten, verwüsteten sie ringsum alles Land im benachbarten Jura und verfuhren namentlich in den Tälern von Mandach und Hottwil auf eine unmenschliche Weise. Sie gossen den Leuten Mistjauche ein und banden sie an den Schwanz ihrer Rosse; dann jagten sie mit ihnen oberhalb Wil durch die Barte, das Härdlen- und das Götzelenholz, dann durchs Immenholz auf dem Altweggäßlein nach Gippingen zur Aare und stürzten die Armen hier übers Ufer in den Fluß. Fragt man aber, warum sie von hier aus niemals in die innere Schweiz, und nicht einmal weiter in die hier offene Landschaft eingedrungen seien, die man das Kirchspiel nennt, so weist man auf ein altes Haus in Hettenschwil, an welchem die Wappenschilde der acht alten Orte (Kantone) angemalt sind. Diese Schildzeichen, sagt man, hätten den Feind so in Respekt gehalten, daß er seine Truppen nie über das Sennenloch, ein Waldtal von Hettenschwil, vorgeschoben hat, sondern droben im Versteck des Berges Verschanzungen anlegte, die noch vor fünfzig Jahren gestanden und dem Platz bis zur Stunde den Namen »Schwedenholz« bewahrt haben. Wo aber der Name der Eidgenossen damals nicht verlautete, da ging es gerade umgekehrt.

So nennt man im Fricktäler Dorf Ittental eine geräumige Berghöhle das

»Schwedenloch«, weil sich die unbeschützten Bauern alle in sie flüchten mußten. Auf den gleichen Waldwegen nun, auf denen damals das arme Landvolk zu Tode geschleppt worden ist, fahren jetzt die schwedischen Reiter auf halben Rossen Nächte lang hin und her. Sie treiben da ihre Pferde auf die Weide und reiten sie in die Tränke. Letztere liegt an der sogenannten Schwetti. Einer reitet ihnen dabei voran, der besonders an der Sichel zu erkennen ist, die er in der Hand schwingt. Die Wallbacher am Rhein wissen gleichfalls von ihm und sagen, er sei von einem Fricktaler mit der Sichel geköpft worden, als er diesem verwehren wollte, die schon überreif gewordene Frucht zu schneiden. Bei Laufenburg sagt man, es sei der Schwedenkönig selbst, dem seine eigenen Leute bei einem Lagertumult das Haupt abgeschlagen hätten. Bei regnerischer Witterung beginnt ein hundertstimmiges Hurrarufen, ein Kesseln und Rasseln, daß sich kein Mensch in der ganzen Gegend nachts in den Wald wagen würde; und dieses wunderliche Getöse hat man »Mattisee« genannt. Das »Schwedenhaus«, welches der Feind sonst droben auf der Waldhöhe »Schwedenholz« bewohnte, ist ins Dorf herabgeschafft worden und soll da noch heute stehen [81].

### Erdmännli durch Neugier verscheucht

(Wehr-Hasel, Erdmannshöhle)

Ufem Humbel sell früehner emol e Schloß gschtande si, des mit eme unterirdische Gang unterm Rhi dure mit eme Schwizer Schloß verbunde gsi sell. Dr Schloßherr hät si Graf Bernhard vo Öflige gnännt un sell e recht guete Herr gsi si, isch aber von eme Raubritter abem Schwarzwald überfalle und plünderet worde und 's Schloß niederbrännt.

Druf sind Erdmännli mit großе Bärte und lange Chutte in d' Höhle cho und hänt sich mit de Lüt ganz gmei gmacht, so daß sie mängmol mit ene z'Nüni und z'Obe gno händ, wenn si im Hard gschaffe händ. Me hätt zue dene Mändli au »Hardmännli« gseit, wil si ihre Höhli im Hard äne gha händ. Mängmol sind sie is Dorf cho und händ bi de Lüte Messer und allerhand für Gschirr vertlehnt, händs aber allemohl pünktlich wieder brocht. Sie händ mänge guete Rot erteilt bi Krankheite vo Lüte und Veh, wil si d'Krüter guet kennt händ.

Unter de lange Chutte hät me ne d'Füeß it gsähe, d'Lüt händ gmeint, sie häbe Gänsfüeßli. Druf hät en Bur 's Wunder gschtoche und hät Äsche gschtreut, um d'Füeß abdruckt i de Äsche z'sähe. Uf sell sind aber d'Hardmännli verschwunde [82].

### Der Forstjoggele

(Möhlin, Schwörstadt)

In dem Oberschwörstadt gegenüber gelegenen Forst auf der Schweizer Seite jagt zur Nachtzeit der Forstjoggele. Er hat früher die Lachsfischer ins Wasser geworfen und ihnen die Beute abgenommen. Jedes Jahr am ersten Adventssonntag darf er einmal »hohopp« rufen, dabei gelangt er jedesmal einen Hahnenschritt näher nach Rheinfelden. Aber erst wenn er ganz dort angekommen ist, wird er erlöst sein.

Manchmal schon stieg er abends zu den Fischern, die vom Rhein heimkehrten, plötzlich in den Kahn. Sobald sie aber auf die Rheinmitte kamen, verschwand er und hinterließ einen solchen Gestank, daß die Fischer betäubt in das »Gewild«, die Stromschnelle oberhalb Beuggen, hinabtrieben und ertranken.

Wer nachts nach Betzeitläuten auf dem Weg von Möhlin zum Niederschwörstädter Fahr ruft: »Joggele kumm!«, den schlägt er auf den Boden, daß er bis zum Läuten der Morgenglocken liegenbleibt [83].

### Der verbotene Liebesbund

(Säckingen/Höllhaken)

Ein Mönch und eine Nonne aus Säckingen hatten einen verbotenen Liebesbund geschlossen und fuhren selig in einem Schifflein gen Rheinfelden. Doch das Schifflein zerbarst an den Felsen unseres heute noch gefürchteten »Höllenhackens« oder »Gewilds«:

*Das ist der Höllenhacken*
*Mit seinem scharfen Zahn,*
*Hinein reißt er den Nachen,*
*Es ist um sie getan!* [84].

### Der Lälle von Rheinfelden

(Rheinfelden)

Zu jener Zeit, als die Schweden die Stadt Rheinfelden belagert hielten, bestachen sie drinnen einen reichen und gewalttätigen Bürger mit einer großen Summe, daß er ihnen die Festung in die Hände spiele. Dies war der Bürgermeister Gast, der da auf der Herrenmühle saß. Nachts um elf Uhr öffnete er dem Feinde ein Tor beim Storchennestturm, und ließ einen um den anderen leise herein, bis sich zuletzt bald eine Schwadron Schweden innerhalb der Mauern befand. Und weil er vorher die Straße sorgfältig mit Spreu bestreut hatte, so vernahmen die Einwohner den Huftritt der Rosse nicht und schliefen fort. Aber in jener Nacht wandelte die Mutter Gottes auf den Ringmauern und richtete alle Uhren von zwölf Uhr, da die Schweden nachrücken sollten, auf morgens vier Uhr, da die Arbeiter aufstehen. Als mit diesem Glockenschlage die Gesellen der Knappenschmiede zur Werkstatt gingen, die beim Storchenturm lag, wateten sie erstaunt durch lauter Spreu. Aber sogleich bemerkten sie auch den Haufen Feinde in Bickelhauben und Brustharnischen, der still am Tore stand. Da griff ein Schmiedemeister zum großen Hammer und rief seinen Burschen zu: »I gseh scho, ihre Huube sind nit recht gschmiedet, si händ d'Hämmer no tüchtig nötig!« Nun augenblicklicher Lärm; die Bürger sprangen allenthalben herzu, und wer von den Reitern nicht entrann, wurde erschlagen. Ein anderer Teil der Einwohner eilte auf den Sammelplatz zum Rheintor hinab; mit Zorn sah man, daß hier die Fallbrücke niedergelassen war und zog sie schnell wieder auf. Als nun hier der Feind im Dunkeln ebenso anmarschierte und statt der verhofften Brücke einen Abgrund voll strömenden Wassers vor sich fand, riefen seine ersten Reihen den nachdrängenden Kameraden zu: »Z'ruck, z'ruck!« Diese aber verstanden: »Druck, druck!« und drückten mit solcher Heftigkeit nach, daß sie ihre eignen Leute in den Strom stürzten. Erst als sie den Rhein voll Sturmhüte schwimmen sahen, merkten sie den Irrtum und flohen.

Damit war die Gefahr abgewendet, nicht aber die Hungersnot. Das Korn im Felde hatte man unreif schneiden müssen, um nur dem Feinde zuvor zu kommen, endlich soll gar sieben Jahre lang in der Gegend kein Pflug mehr gegangen sein. Als man die Spreu, welche den schwedischen Reitern gestreut gewesen war, von der Gasse in den Rhein warf, fischten die ebenfalls hungernden Schweden sie für Weizen auf und wurden nur umso lüsterner nach den großen Vorräten, welche sie in der Stadt vermuteten. Dies brachte die Bürger auf eine List. Sie hatten nur noch eine Kuh und ein Viertel Korn im Orte. Das Tier war schon so abgemagert, daß sich daran noch das übliche Sprichwort knüpfen soll: »Dri-luege wie d'Chueh im Schwedechrieg.« Sie gaben ihr das Viertel Korn zu fressen, umwickelten ihr das eine Horn mit einer Flachsreiste und das andere mit einem Zettel, auf dem geschrieben stand:

*So ring, as diesi Chueh lehrt spinne,*
*Wird der Schwed Rhiifelde g'wünne.*

So jagte man die Kuh zum Tor hinaus. Als sie der Feind schlachtete, fand er verwundert die Menge Frucht in ihrem Magen. Darauf sind die Schweden abgezogen, weil sie meinten, Rheinfelden könne nicht ausgehungert werden [85].

### Versunkene Orte

(Rheinfelden und Dinkelberg)

Die Volkssage weiß von einer einstmals hier gestandenen großen Riesenstadt zu berichten, welche sich von Rheinfelden ostwärts bis Öflingen und westwärts bis Herten erstreckt habe. Da Herten auf den Trümmern der römischen Niederlassung Artio erbaut ist, glaubte man es bei der versunkenen Stadt eine Zeitlang mit römischen Gründungen zu tun zu haben. Gegenüber von Herten auf Schweizer Ufer liegt bekanntlich das schöne Augusta Rauracorum mit dem wohlerhaltenen römischen Theater. Sagen über versunkene Städte sind nicht selten. Es tauchen auch immer wieder wandelnde Gespenster aus der ehemaligen Riesenstadt unter dem Erdboden von Rheinfelden (Baden) auf. Die Stadt kann natürlich durch ein Erdbeben verschwunden sein, wie ein solches ja 1356 das nahe Basel stark verwüstete, oder durch einen gewaltigen Karsteinbruch im Kalkgestein des Dinkelbergs. Die Sage von versunkenen Dörfern und Höfen will im Dinkelberg nicht verstummen. Die bekannteste Legende ist wohl die des Dorfes Ennikon, das auf alten römischen Karten noch eingezeichnet, aber tatsächlich längst verschwunden ist. Dasselbe gilt von der Stelle des bei Rheinfelden gelegenen Gelkenhofes, dessen Bewohner noch heute von einem dort versunkenen Dorf erzählen. Noch lange nachher haben die bekannten »ältesten Leute« die Hähne unter dem Boden krähen hören [86].

**Die zwölf Rheinfeldner Ratsherren**
(Rheinfelden)

Die Pest, welche man den Schwarzen Tod hieß, drang im 14. Jahrhundert auch in die Schweiz. Sie kam den Rhein herauf über Basel her. In dieser Stadt zählte man im Jahr 1348 vierzehntausend Leichen; seitdem ist der Tod von Basel sprichwörtlich geblieben.

Die Seuche wütete bald auch im benachbarten Rheinfelden. Da fand sich kein Totengräber mehr, die Leichen lagen unbeerdigt vor den Häusern auf der Straße und verpesteten die Luft noch mehr. Alles starb hin bis auf zwölf alte Männer. Diesen sang ein Vöglein aus dem Himmel herab von Heilkräutern; solche pflückten sie und erhielten sich damit am Leben. Dann einten sie sich zu einer Totenbruderschaft, pflegten die verlassenen Kranken und bestatteten die Toten. Diese Verbrüderung besteht noch heute. An dem Tag, an dem jenes Vöglein erschien, müssen nun alljährlich zwölf Ratsherren oder auch sonst hierfür bestimmte Männer den Morgen in der Stadtkirche zubringen. Nachmittags ziehen sie zu einem gemeinsamen Mahl in ein Haus, das man für das älteste Haus der Stadt hält; es soll aus Heidenzeiten stammen und einen Schatz verborgen halten. Zu Weihnachten um Mitternacht halten sie dann in langen Mänteln und Laternen tragend einen Umzug [87].

**Ruf der Sterbenden**
(Basel)

Im Jahre 1564 wütete eine sehr heftige Pest am Rhein und besonders in der Gegend von Basel. Während dieser hat man durchgängig gesehen, daß die von ihr Heimgesuchten im ärgsten Augenblick ihrer Krankheit und kurz vor ihrem Tod den Namen des einen oder anderen aus ihrer Verwandtschaft ausriefen, oder auch den eines ihrer Bekannten oder Nachbarn. Es dauerte nicht lange und der Gerufene wurde gleichfalls ergriffen von der Pest und rief wieder, ehe er den Geist aufgab, einen andern, der gleichfalls bald darauf erkrankte und es ebenso machte. [88].

**Die Schönauer Glocke und Basel**
(Wiesental, Basel)

Für das Münster zu Basel und die Kirche zu Schönau wurden die gleichen Glocken gegossen, und beide hatten einen gleich schönen Klang. Da sollen die Basler einst einen Abgesandten des Papstes fortgejagt und, wie er wiederkam, in den Rhein gesprengt haben. Zur Strafe dafür wurde Basel von einem Erdbeben heimgesucht, das auch den Glockenturm erschütterte, so daß ein Teil mitsamt der schönen Glocke Luzia in den vorbeifließenden Rhein stürzte.

Nun wollten die Basler die Schwester ihrer versunkenen Glocke sich aneignen, um so mehr, da man ihr herrliches Läuten zu Basel auf der Rheinbrücke vernehmen konnte. Sie zogen also hinüber in den Schwarzwald und nahmen zu Schönau die Glocke weg, brachten sie aber nur bis zum roten Kreuz (heute Bierkeller des Ochsenwirts). Als da die Basler unverrichteter Sache abziehen mußten, hängten die Schönauer schnell ihre Glocke wieder auf, und sie gab den Herren aus der Großstadt noch das Geleite mit den Worten:
*»Mi Schwester Luzi*
*Lit zu Basel im Rhi;*
*Si wird nümme ufecho*
*Bis Basel katholisch wird si.«* [89].

# Rheinbrücken, -wehre und -fähren

Für Reisende entlang des Flußufers ist es natürlich interessant, den Rhein zuweilen auch zu überqueren. Dies ist an zahlreichen festen Flußübergängen möglich: rund dreißig *Brücken* überspannen den Hochrhein, wovon sechs Eisenbahnbrücken sind, einige wenige (wie zwischen Nohl und Dachsen unterhalb des Rheinfalls und die alte Holzbrücke von Bad Säckingen nach Stein) sind Fußgängern vorbehalten. Außerdem sind die meisten der Laufkraftwerke, die dem Strom in der Quere liegen, für Fußgänger passierbar. Ergänzt werden diese Flußübergänge durch Fähren, deren große Anzahl in früherer Zeit inzwischen allerdings deutlich zusammengeschrumpft ist.

Ein keltischer Übergang über den Rhein ist bei Kaiseraugst nachgewiesen, weitere nimmt man in Stein am Rhein, in Rheinau und anderen günstigen Stellen an. Brückenbauten der Römer sind bei Augusta Raurica, Stein und Zurzach belegt, vermutlich hatten sie auch bei Bad Säckingen einen festen Rheinübergang geschaffen. Mittelalterliche Brücken sind in Urkunden meist erst ab dem Hochmittelalter aufgeführt, so die 1225 unter Bischof Heinrich von Thun in Basel errichtete »alte Brücke«, die bis ins ausklingende Mittelalter lange Zeit als letzte feste Brücke bis zur Mündung des Rheins gelten konnte. Dessen »klassische« Brückenübergänge gehören bis heute zu den wichtigsten Verbindungen des schweizerischen mit dem deutschen Hochrheinufer, wenngleich viele moderne Brücken die alten abgelöst haben. Ohnehin haben alle Brücken im Laufe der Geschichte immer wieder Zerstörungen durch Hochwasser und Kriege erlitten, mußten ausgebessert oder völlig neu errichtet werden, so daß wir uns besonders glücklich schätzen dürfen, heute noch einige der schönen gedeckten Holzbrücken des alten Stils im Hochrheingebiet finden zu können. Ohne Zweifel ist die längste unter ihnen – die 210 Meter lange in Bad Säckingen – die beeindruckendste und bekannteste, doch stehen ihr jene, die den Rhein zwischen Diessenhofen und Gailingen sowie in Rheinau überspannen, nur wenig nach. Die Laufenburger Bogenbrücke des Baumeisters Robert Maillart ist uns unglücklicherweise noch zu Anfang des 20. Jahrhunderts verloren gegangen – ein besonders schmerzlicher Verlust, da sie das romantische Bild der über dem Ufer thronenden Altstadt vollends abgerundet haben dürfte. Weitere hübsche Beispiele dieser Holzbrückenarchitektur überspannen Zuflüsse des Hochrheins: bei Andelfingen über die Thur, in Tiengen über die Wutach, in Turgi und Baden (Aargau) über die Limmat.

Die Brückenbauten der modernen Zeit vermögen jedoch ebenfalls zu beeindrucken. So gewann die Basler Wettsteinbrücke eine Goldmedaille auf der Pariser Weltausstellung von 1878. Die höchste Brücke, die beide Hochrheinufer miteinander verbindet, ist die 440 Meter lange Eisenbahnbrücke der SBB bei Eglisau, die sich 48 Meter tiefer im Wasser des Flusses spiegelt.

Bei fast allen *Laufkraftwerken* des

Hochrheins ist es uns möglich, deren Wehre zu überqueren. So gelangt man bei folgenden Kraftwerken ohne Probleme zu Fuß von einem Rheinufer ans andere: Schaffhausen, Rheinau (oberes Wehr), Rheinsfelden (bei Eglisau), Reckingen – Mellikon, Dogern – Bernau, Albbruck – Schwaderloch, Riburg – Schwörstadt, Rheinfelden, Augst – Wyhlen und Kleinbasel – Birsfelden.

In alten Zeiten konnte man bei den meisten der sechzig Ufersiedlungen von *Fährbooten* über den Fluß gebracht werden. Mit der zunehmenden Zahl von Brücken, die im Laufe der Zeit durch den schnellen Eisenbahnverkehr ergänzt wurden, schrumpften die Fährstellen auf zehn zusammen. So können sich Wanderer und Radfahrer heutzutage noch bei Büsingen – Paradies über den Rhein setzen lassen, und weiter flußabwärts nutzen sie die Fähren von Ellikon, Tössegg – Buchberg, Küssaberg – Kadelburg, Waldshut – Full, bei Bad Säckingen – Mumpf, Kaiseraugst und jene in Basel. Immer wieder Erstaunen und Entzücken rufen die drei Hochseilfähren in Basel (St.-Alban-Fähre »De Wilde Maa« beim gleichnamigen Tor, Münsterfähre »Leu« und »Vogel Gryff« in der Nähe des ehemaligen Frauenklosters Klingental) sowie jene in Ellikon hervor. Ohne Motor gelangen diese Boote durchaus mit großer Geschwindigkeit ans andere Rheinufer, da sie die kräftige Strömung des Flusses geschickt zu nutzen wissen. Die Fähre hängt an einem über den Strom gespannten hohen Seil, wobei zwei weitere, an Rollen an diesem »Hochseil« befestigte Seile verhindern, daß das Boot mit der Strömung abgetrieben wird. Indem die Fährleute eines der beiden zum Hochseil führenden Seile – durch Einziehen oder Loslassen – verkürzen bzw. verlängern, wird die Lage des Schiffes in der Strömung verändert, die dann auf die entsprechende Bordwand Schub ausübt. Je nachdem, wie das Fährboot zur Fließrichtung steht, wird es von der Strömung zum linken oder rechten Ufer getrieben: eine nicht nur praktische, sondern auch überaus energiesparende Methode! Da in Ellikon die Fährleute, insbesondere bei geringem Verkehr, nicht ständig am Boot warten, müssen sie per Glockengebimmel aus dem Wirtshaus – zu dem sie gehören – gerufen werden. Da mag es schon verlocken, nach dem »Hol über!« gleich die wenigen Schritte bis zur schattigen Gartenwirtschaft mitzugehen und bei einem kühlen Bier und Flußblick ein wenig tagzuträumen.

# Touristisch relevante Informationen

Neben Wanderungen entlang des Flusses bieten sich, nicht zuletzt wegen der durch die oft dichtbewaldeten Ufer sehr verträumt wirkenden Flußlandschaft, ausgedehnte Bootsfahrten an. Durch die zahlreichen Laufwasserkraftwerke, die überwiegend ohne Schleusen sind, sind dem Schiffsverkehr mancherorts unüberwindliche Barrieren gesetzt. Daher gibt es lediglich auf jeweils den ersten und letzten zwanzig Kilometern des Hochrheins einen regelmäßigen Linienverkehr größerer Kursschiffe: nämlich zwischen Schaffhausen und Stein am Rhein bzw. den verschiedenen Bodenseeuferstädten sowie zwischen Rheinfelden und Basel, wo die Fahrt auch nach Holland fortgesetzt werden könnte. Nichtsdestotrotz ist es – insbesondere während der Sommermonate – doch möglich, den Hochrhein auf gut zwei Dritteln seiner Lauflänge per Schiff zu befahren. Dies wird durch einige private Bootsgesellschaften ermöglicht, die für Gruppenfahrten zur Verfügung stehen, aber vereinzelt zu besonderen Terminen und Uhrzeiten einem allgemeinen Ausflugsverkehr offenstehen. Da sich – je nach Laufabschnitt des Rheins – die Saison- und Abfahrtszeiten unterscheiden und nur an verschiedenen Wochentagen gefahren wird, möchte ich interessierten Lesern hier die entsprechenden Schiffahrtsbetriebe nennen, mit denen Rheinfahrten möglich sind – wie ich dies im Kapitel »Per Schiff auf dem Rhein von Stein bis Basel« geschildert habe. Da sich Fahrzeiten jedoch nicht nur von Saison zu Saison ändern, sondern je nach Bootsbetrieb auch innerhalb der Saison Änderungen ergeben können, ist dringend anzuraten, sich vorher bei den entsprechenden Stellen zu erkundigen. Zu diesem Zweck folgen hier – die Reihenfolge erfolgt flußabwärts – die Adressen der verschiedenen Schiffahrtsgesellschaften und Bootsverleiher.

Die Strecken mit Linienverkehr und unregelmäßig stattfindenden Ausflugsfahrten per Schiff sind: Stein a.Rh. – Schaffhausen (20km), Nohl am Rheinfall – Eglisau / Rekingen (26/40 km), Waldshut/Full – Aaremündung – Dogern – Waldshut/Full (ca. 6 km von der Aare bis Dogern), Obersäckingen – Hauenstein – Obersäckingen (einfach 14 km), Bad Säckingen – Schwörstadt – Bad Säckingen (einfach 11 km), Rheinfelden – Basel (18 km), zusammen 95 km bzw. 109 km).

| Strecke (Ausgangspunkte bzw. Anlegestellen und Zusteigemöglichkeiten) | Saison u. Fahrtage (Tageszeiten) | Schiffahrtsbetrieb |
|---|---|---|
| **(Untersee/Hochrhein)** | | |
| **Stein a. Rh. – Schaffhausen** (Kreuzlingen, Konstanz, Gottlieben, Ermatingen, Reichenau, Mannenbach, Berlingen, Gaienhofen, Steckborn, Hemmenhofen, Öhningen/ Stein, Diessenhofen, Büsingen, Schaffhausen) | Mai bis Mitte Oktober (mehrere Kurse täglich) | U&R |
| | [Sa/So im April] | U&R |
| **Rheinfall – Eglisau** | | |
| (Rheinfall, Rheinau) | Anfang Juli bis Mitte August (mehrere Kurse täglich) | EM |
| | [So u. Feiertag von Mitte Mai bis Mitte September] | EM |
| (Rheinfall, Rheinau, Ellikon, Rüdlingen, Tössegg, Eglisau) | [So von Anfang Juli bis Mitte August] (einmal am Sonntag) | EM |
| (Ellikon*, Rüdlingen,Tössegg, Eglisau) | [So u. Feiertag v. Anfang April bis Mitte Oktober] (mehrere Kurse am So & Feiertag) * ab Ellikon nur an schönen Tagen | FSG |
| (Rüdlingen, Tössegg, Eglisau) | [Mo bis Sa von Anfang Mai bis Mitte/Ende September] (mehrere Kurse täglich) | FSG |
| | Mitte/Ende September] (mehrere Kurse täglich) | |
| **Eglisau – Rekingen** | | |
| (Eglisau, Rheinsfelden) | an schönen Sommer(?)tagen (mehrere Kursfahrten) | RW |
| (Rheinfall bis Rekingen) | keine Kursfahrten | FSG |
| **Aaremündung – Dogern** | | |
| (Waldshut, Full) | (täglich nachmittags) | STW |
| **Hauenstein – Obersäckingen** | | |
| (Obersäckingen/ Hauenstein, Laufenburg(CH), Laufenburg(D), Murg, Sisseln, Säckingen) | [So u. Feiertag, Mi von Anfang Mai bis Mitte September] (einmal nachmittags) | PBS |

BPG – Basler Personenschiffahrtsgesellschaft, Blumenrain 2, CH-4001 Basel, Tel. CH 061/2612400, 2612903 und 2615642, Fax CH 061/2611934.

EM – Ernst Mändli AG, Bootsbetrieb, CH-8212 Nohl, Tel. CH 052/659 6900, Fax CH 052/659 6902.

FSG – Frigerio's Rheinschiffahrten, CH-8428 Teufen, Tel. CH 01/8651212 und CH 01/8654082.

PBS – Personenschiffahrt Bad Säckingen, G. Michlmayr, Schaffhauser Str. 9, D-79713 Bad Säckingen, Tel./Fax: BRD 07761/4441.

RW – Rheinschiffahrten Wirth, René Wirth, Kaiserhofstr. 14, CH-8193 Eglisau, Tel. CH 01/8670367, Fax. CH 01/8671600.

STW – Stadtwerke Waldshut-Tiengen, Tel. D 07741/6009-78 oder 6009-88 sowie BRD 07751/885-245. (Rundfahrten des Fährboots Waldshut-Full)

U&R – Schweizerische Schiffahrtsgesellschaft Untersee und Rhein, Freier Platz 7, CH-8202 Schaffhausen, Tel. CH 052/6254282, Fax CH 052/6255993.

| Strecke (Ausgangspunkte bzw. Anlegestellen und Zusteigemöglichkeiten) | Saison u. Fahrtage (Tageszeiten) | Schiffahrtsbetrieb |
|---|---|---|
| **Bad Säckingen – Schwörstadt** (Bad Säckingen/ Bad Säckingen, Stein, Wallbach (CH), Wallbach (D), Wehr-Brennet, Schwörstadt) | [So u. Feiertag, Di, Do von Ostern bis Oktober] (einmal nachmittags) | PBS |
| **Rheinfelden – Basel** (Rheinfelden (CH), Rheinfelden (D), Kaiseraugst, Grenzach, Birsfelden, Basel) | Mai bis Mitte Oktober (Mo-Sa einmal, Do zweimal, So/Feiertag mehrere Kurse täglich) | BPG |

**Weitere Bootsbetriebe**

Untersee und Rhein: Heinz Amacker AG, Eidg. bew. Schiffahrtsbetrieb, CH-8202 Schaffhausen, Tel./Fax: CH 052/6240707. (März bis Mitte Dezember).

Rheinfallabwärts: Werner Mändli AG, Schiffahrtsbetrieb, Säntisweg 1, CH-8212 Neuhausen am Rheinfall, Tel. CH 052/6724811, Fax CH 052/6724948. (Vom Rheinfall bis Eglisau)

Rhein und Thur: Rhein Travel GmbH, CH-8455 Rüdlingen, Schlauchbootfahrten auf dem Hochrhein und der Thur mit Klein- und Groß-Schlauchbooten, Tel./Fax: CH 01/8670043. (Zwischen Rheinau und Eglisau, Gütighausen und Thurmündung)

**Fähren**

Fähre Paradies, täglich in Betrieb, Mo-Sa 11.45 Uhr bis 19.30 Uhr. Roland Walter und Fähre-Team Paradies Tel. CH 053/293741.

Fähre Ellikon, tagsüber nach Bedarf, bitte läuten!

Fähre Tössegg-Buchberg, Mitte März bis Ende April, So und Feiertag 13.00 bis 17.00 Uhr; Anfang Mai bis Ende September, So und Feiertag 9.00 bis 18.00 Uhr; Sa 13.00 bis 18.00 Uhr von Mitte Mai bis Ende September; Anfang Oktober bis Anfang November, So und Feiertag 13.00 bis 17.00 Uhr.
Mo-Fr auf telefonische Voranmeldung. Tel. CH 01/8651212.

Fähre Küssaberg-Kadelburg
Fähre Waldshut-Full, April bis Oktober Mo-Sa 9-12 Uhr, 13.30-18.30 Uhr, So 13.30-18.30 Uhr; November bis März Mo, Di, Do, Fr 9-12 Uhr, 13.30-18.30 Uhr. Stadtwerke Waldshut-Tiengen Tel. BRD 07741/6009-78 oder 6009-88, BRD 07751/885-245.

Fähre Bad Säckingen/Mumpf
Fähre Kaiseraugst, Sommer Mo-Fr 6 bis Uhr, So 10 bis 11 Uhr und 13 bis 19 Uhr.

Basler Fähren:
St.-Alban-Fähre De »Wild Maa« zwischen St. Alban-Tal (linkes Rheinufer) und Schaffhausen Rheinweg (Nordufer).

Münsterfähre »Leu« zwischen der Pfalz (unterhalb des Münsters) und dem Oberen Rheinweg am rechten Rheinufer.

Klingentalfähre »Vogel Gryff« verbindet den linksrheinischen Totentanz mit der Kaserne am Unteren Rheinweg beim Stadt- und Münstermuseum im Kleinen Klingental (ehem. Kloster).

St.-Johann-Fähre »Ueli« nahe der Schiffstation Basel-Rotterdam.

Info: Stiftung Basler Fähren, c/o Dr. med. Wissel, Picassoplatz 8, CH-4052 Basel, Tel. CH 061/2721000 und Fähriverein (Verein Freunde der Basler Fähren), Niki Schöllkopf, Klingentalgraben 7, Postfach, CH-4005 Basel.

**Museumsbahnen**
(Historische Dampfzüge)

»**Sauschwänzlebahn**« (Museumsbahn Wutachtal) zwischen Weizen-Bahnhof (471 m Ü.M.) und Blumberg-Zollhaus (702 m), dort auch »Blumberger Eisenbahnmuseum«. Die 1887-1890 aus strategischen Gründen erbaute Strecke, die vom Ufer der Wutach übers Mühlbachtal auf den Randen führt, zeichnet sich auf den gefahrenen 26 Kilometern durch großartige Viadukte, Brücken und viele Kehrschleifen sowie Deutschlands einzigen Kreiskehrtunnel aus – weshalb die Bahn im Volksmund »Sauschwänzlebahn« genannt wird. Ein bis zwei Fahrten überwiegend samstags und sonntags von Mai bis Oktober, im Sommer zuweilen auch unter der Woche. Info: Stadt Blumberg, Museumsbahn Wutachtal, Postfach 120, D-78170 Blumberg; Tel. BRD 07702/5127, Fax BRD 07702/5155.

**Rheinfelder (CH) Museumsbahn,** Bahn der Brauerei Feldschlösschen zwischen Station Rheinfelden (»Feldschlösschen-Bahnhof«) und der Brauerei (Besichtigung nach Voranmeldung evtl. möglich; Tel. CH 061/8350111).

**Waldenburgerbahn,** Schmalspurbahn von Liestal nach Waldenburg im Frenketal. Öffentliche Fahrten mit dem von einer historischen Dampflok gezogenen Züglein finden nur an äußerst wenigen Tagen im Sommerhalbjahr statt, während ansonsten leider nur bestellte Extrafahrten angeboten werden – und zwar als Dampfzug von Mai bis Oktober und als elektrische Bahn das ganze Jahr. Info: Waldenburgerbahn/ Station Waldenburg, Hauptstrasse 12, CH-4437 Waldenburg; Tel. CH 061/9610142 (Öffentliche Fahrten), Tel. CH 061/9610109 (Extrafahrten).

**Kandertalbahn** (Museumsbahn Kandertal), historische Dampfzüge auf der Strecke Haltingen 13 Kilometer weit durchs reizende Kandertal bis Kandern. Fahrten mit der Dampflok, aber auch – z.T. ab Lörrach, Basel-Badischer Bahnhof und Weil am Rhein mit der historischen E-Lok 160 (an ausgewählten Sonn- und Feiertagen von Mai bis Oktober) bzw. dem historischen Dieseltriebwagen (an ausgewählten Samstagen von Mai bis September). Alle Züge mit Fahrradtransport und Bewirtschaftung. Wenn Kandern im September seinen »Chanderner Roßmärt« mit Reitturnier und Budenfest feiert, verkehrt die Kandertalbahn nach einem Sonderfahrplan etwa zweistündlich ab Haltingen. Info: Städtisches Verkehrsamt Kandern, D-79400 Kandern, Tel. BRD 07626/7029 und BRD 07626/899-60.

**Fahrrad am Bahnhof ... Rent a bike**
Wer bei der Anreise an den Hochrhein nicht sein eigenes Fahrrad mitnehmen will, der kann an einigen Bahnhöfen sowohl auf der deutschen als auch der schweizerischen Seite einen Drahtesel ausleihen. Es ist dabei möglich, ihn wieder an einem anderen als dem Verleihbahnhof abzugeben. Die Mietpreise sind in Deutschland günstiger, dafür hat man in der Schweiz eine größere Velo-Auswahl: so gibt es z. B. in Basel und Baden Citybikes und Mountainbikes zu mieten. Außerdem ist der Mietpreis für Einzelverleiher in der Schweiz nicht wie in Deutschland höher, wenn man keine Fahrkarte mit einem Mindestwert vorweisen kann.

Folgende Bahnhöfe haben einen Fahrradverleih:

Konstanz (Bodensee, Tel. 07531/19419),
Bad Säckingen (Tel. 07761/6013) und
Lörrach (Tel. 07621/8026)
in Deutschland [0049], und in der Schweiz [0041]:
Kreuzlingen (Tel. 072/724384),
Steckborn (Tel. 054/611474),
Stein am Rhein (Tel. 054/412134),
Diessenhofen (Tel. 053/372438),
Schaffhausen (Tel. 053/251658),
Neuhausen (Tel. 053/223241),
Andelfingen (im Tal der Thur, Tel. 052/411132),
Eglisau (Tel. 01/8670125),
Bülach (Glatt, Tel. 01/8601365),
Zurzach (Tel. 056/491900),

Baden (im Limmat-Tal, Tel. 056/227866),
Brugg (Aare-Tal, Tel. 056/4608211),
Rheinfelden (Tel. 061/8315160),
Pratteln (Tel. 061/8211212),
Liestal (Ergolz-Tal, Tel. 061/9215010),
Sissach (Ergolz-Tal, Tel. 061/9711218),
Basel (Tel. 061/2762340 oder 061/3313319).

**Anmerkungen und Quellenverweise**

[1] Simrock o.J., S.7f. * [2] Schaefer 1964, S.9. * [3] Mittlere Wasserführung bei Niedrigwasser 80 cbm/sec in Schaffhausen gegenüber 260 cbm bei Waldshut; 330 bzw. 890 cbm/sec bei Mittelwasser und 1100 resp. 4950 cbm/sec bei Hochwasser. Nach Schaefer 1964, S.12. * [4] Wild 1883, S. 12. * [5] Wild 1883, S.13. * [6] Gruschke 1991, S. 91,94. * [7] Westermann »Lexikon der Geographie«, 1983, Stichwort »Aare«, Band 1, S.10. * [8] Simrock o.J., S.54ff. * [9] Schaefer 1964, S.16, S.103. * [10] Schaefer a.a.O. * [11] Gutersohn 1969, III/2., S.292. * [12] E. Müller-Ettikon, »Der Klettgau im Schweizer- oder Schwabenkrieg 1499«, in: Schmidt 1971, S.159-178; S.176. * [13] Schneider 1984, S.30. * [14] Wild 1883, S.222. * [15] Wild 1884, S.13. * [16] Wild 1883, S.225f. * [17] Schneider 1984, S.30f. * [18] Wild 1883, S.227f. * [19] Hönn 1931, S.70. * [20] J. Ch. Iselin (1728), zit. nach Schneider 1984, S.31. * [21] Schneider a.a.O. * [22] Wild 1883, S.226. * [23] Schaefer 1964, S.21. * [24] Gutersohn 1969, S.336. * 25 Simrock o.J., S. 48. * [26] Zit. nach: Otto Weiner, »Der Rheinfall von Schaffhausen«, in: Hönn 1931, S.48. * [27] Poppel/Huhn 1842ff., nach Bender 1986, S.76. * [28] J.G.F. Pflüger 1858, nach Bender 1986, S.72. * [29] Simrock o.J., S.57. * [30] Nach E.L. Rochholz 1856, Bd. II, S.208. * [31] Simrock 1837, S.386ff. * [32] Ewald Herzog, »Rheinfelden (Baden), Neuland am Hochrhein«, in: Busse 1932, S.77. * [33] Gutersohn 1958, S.228. * [34] Poppel/Huhn 1843ff., nach Bender 1986, S.68. * [35] L. Wiederrecht, »Handel, Verkehr und Schiffahrt auf dem Rhein«, S.70; in: Hönn 1931, S.65-74. * [36] Schaefer 1964, S.17. * [37] M. Stahl, »Man stahl uns einen Wasserfall«, in: Merian 1965, S.57f. * [38] Schmidt 1983, S.57. * [39] Elisabeth Schmid, »Sichtbare Zeugen der frühen Kulturen. Stätten der Ur- und Frühgeschichte«, in: Geiges 1984/1990, S.12. * [40] Thöne 1975, S.26. * [41] W. Jensen, nach Bender 1986, S. 72. * [42] Zit. nach Hübner 1974, S. 157. * [43] Gruschke 1991, S.40. * [44] Herzog 1932, S.70. * [45] D. Kohlhepp und H. F. Vorwerk, »Hotzenwald. Wiesental. Hochrhein«, Freiburg 1988, S.69. Nach Geiges 1984/1990, S.181, n.86 gar für 80.000 Besucher. * [46] Georg Kraft, »Römer und Alemannen am Hochrhein«, S. 10, in: Busse 1932, S.9-16. * [47] Kraft a.a.O., S.14 und dtv-Atlas zur Weltgeschichte, Band 1, München 1974, S.115. * [48] Simrock o.J., S.8. * [49] Herzog 1932, S.77. * [50] Hübner 1974. * [51] Wohl des Kehlhofs der Abtei Reichenau, ab 1282 zu St. Katharinental. [52] Weiner 1938, S.114. * [53] Weiner 1938, S.112. * [54] Weiner 1938, S.112f. * [55] Weiner 1938, S.113. * [56] Künzig 1923, S. 12. * [57] L. Finkh, nach Gruschke 1991, S.39f. * [58] H. Bender, nach Gruschke 1991, S. 39f. * [59] Künzig 1930, S.271. * [60] Baader 1851/1973, Nr.6, S.3f. * [61] Künzig 1923, S.35. * [62] Künzig 1923, S.104. * [63] Waibel/Flamm 1898, S.

297f. * [64] Rochholz 1856, Bd.II, S.262. * [65] Rochholz 1856, Bd.I, S.11f. * [66] Waibel/Flamm 1898, S.274. * [67] Baader 1851/1973, Nr.8, S.4f. * [68] Rochholz 1856, Bd.I, S.118f. * [69] Rochholz 1856, Bd.I, S.75. * [70] Rochholz 1856, Bd.II, S.263ff. * [71] Rochholz 1856, Bd.I, S.77. * [72] Johann Jacob Fugger, »Spiegel der Ehren des höchstlöblichen Erzhauses Österreich«, Nürnberg 1568; nach Diederichs/Hinze 1984/1992, S.203. * [73] Künzig 1930, S.280. * [74] Künzig 1923, S.68 und 1930, S.193. * [75] Waibel/Flamm 1898, S.300f. * [76] Waibel/Flamm 1898, S.323f. * [77] Künzig 1923, S.121. * [78] Rochholz 1856, Bd.I, S.117. * [79] Künzig 1930, S.216f. * [80] Waibel/Flamm 1898, S.331f. * [81] Rochholz 1856, Bd.I, S.160f. * [82] Künzig 1923, S.42 und 1930, S.143-152. * [83] Künzig 1923, S.12. * [84] Herzog 1932, S.77. * [85] Rochholz 1856, Bd.I, S.204f. und Künzig 1930, S.315. * [86] Herzog 1932, S.77f. * [87] Rochholz 1856, Bd.II, S.285f. * [88] J. W. Wolf 1845, S.211. * [89] Künzig 1930, S.248f.

## Literaturhinweise

### Bücher und Zeitschriften


Baader, Bernhard: »Volkssagen aus dem Lande Baden und den angrenzenden Gegenden«, Karlsruhe 1851/Nachdruck Hildesheim 1973; Nr. 6, S. 3f. [nach Diederichs/Hinze 1984/$^{2}$ 1992, S.149.]

Bender, Helmut: »Südbaden. Stiche und Texte aus vergangenen Jahrhunderten«, Freiburg 1986.

– ders.: »Vom Hochrhein, Hotzenwald und südlichen Schwarzwald«, Freiburg i.Br. 1981.

Borcherdt, Christoph (Hrsg.): »Geographische Landeskunde von Baden-Württemberg«, Stuttgart 1983, $^{2}$1986. S. 26-38, 160-164.

Braunger, Manfred: »Baden«, Hamm 1991.

Busse, Hermann Eris (Hrsg.): »Hochrhein und Hotzenwald«, Freiburg i. Br. 1932. (Badische Heimat, Zeitschrift für Volkskunde, ländliche Wohlfahrtspflege, Heimat- und Denkmalschutz, 19. Jg./Jahresheft 1932).

Diederichs, Ulf und Christa Hinze (Hrsg.): »Alemannische Sagen«, München 1984, $^{2}$1992.

Finanzministerium Baden-Württemberg, Bau- und Liegenschaftsverwaltung (Hrsg.): »Land Baden-Württemberg Burgen, Schlösser und Ruinen«, Belser Verlag, Stuttgart und Zürich 1980 (21985)

Geiges, Leif: »Der Hochrhein«, Stuttgart 1984/ Bindlach 1990.

Gradmann, Robert: »Süddeutschland«, Stuttgart 1931.

Gruschke, Andreas: »Der Hegau«, Freiburg i. Br. 1991.

Gutersohn, Heinrich: »Jura«, Band I der »Geographie der Schweiz«, Bern 1958.

– ders.: »Mittelland«, Band III der »Geographie der Schweiz«, Bern 1969.

Hauptmann, Arthur: »Burgen einst und jetzt«, Konstanz 1984, $^{3}$1987.

Haushofer, K. (Hrsg.): »Der Rhein«, 3 Bde., Berlin 1930.

Hebel, Johann Peter: »Poetische Werke«, Wiesbaden o.J.

Herzog, Ewald: »Rheinfelden (Baden), Neuland am Hochrhein«, in: Busse 1932, S.67-78.

Hönn, Karl (Hrsg.): »Der Hochrhein von Konstanz bis Basel«, Konstanz 1931.

Hübner, Paul: »Der Rhein. Von den Quellen bis zu den Mündungen«, Frankfurt 1974.

Jenny, Hans: »Kunstführer der Schweiz«, hrsgeg. von der Gesellschaft für Schweizerische Kunstgeschichte, Wabern 1971 (5. Aufl.).

Jensen, W.: »Der Schwarzwald«, 3. Auflage, Leipzig 1901.

Kiewat, Rainer: »Ritter, Bauern und Burgen im Hegau«, Konstanz 1986.

Künzig, Johannes: »Deutscher Sagenschatz – Band 10: Badische Sagen«, Leipzig-Gohlis 1923.

– ders.: »Schwarzwald-Sagen«, Diederichs, Jena 1930.

MERIAN »Der Hochrhein vom Bodensee bis Basel«, Heft 8/1965, Hamburg.

Meyer, Werner und Hans Ulrich Wipf: »Der Munot in Schaffhausen«, Schweizerische Kunstführer der Gesellschaft für Schweizerische Kunstgeschichte, Bern 1992.

Pflüger, J.G.F.: »Badische Vaterlandskunde«, Pforzheim 1858.

Poppel, Joh. und E. Huhn: »Das Großherzogtum Baden in malerischen Originalansichten«, Darmstadt 1850. Nachdruck Freiburg i.Br. 1980.

Rochholz, Ernst Ludwig: »Schweizersagen aus dem Aargau«, 2 Bände, Aarau 1856. Nachdruck Hildesheim 1982.

– ders.: »Naturmythen. Neue Schweizersagen«, Leipzig 1862.

Schaefer, W.: »Wandlungen im Landschafts- und Siedlungsbild am Hochrhein im Zeitalter der Industrialisierung«, Dissertation, Wiesbaden 1964.

– ders.: »Hochrhein. Landschaft und Siedlungsveränderung im Zeitalter der Industrialisierung«, Forschungen zur deutschen Landeskunde 157, Bad Godesberg 1966.

Schmidt, Franz (Hrsg.): »Der Klettgau«, Stadt Tiengen 1971.

Schneider, P. G.: »Des Stromes ›hilff, fürdernuß und Gunst‹ . Vom Nutzen und der Nutzung des Hochrheins«, in: L. Geiges 1984, S.27-35.

Schuster, Eduard: »Die Burgen und Schlösser Badens«, Karlsruhe 1908.

Schwarz, Marco: »Barock am Hochrhein«, Konstanz 1983.

Simrock, Karl: »Der Rhein«, Verlag Lothar Borowsky, München o. J.. S.7f.,48-58.

– ders.: »Rheinsagen aus dem Munde des Volks und deutscher Dichter«, Bonn 1837, S.380-395.

Thöne, Friedrich: »Vom Bodensee zum Rheinfall, Kunst- und Geschichtsstätten im Landkreis Konstanz und den Schweizer Kantonen Schaffhausen, Zürich, Thurgau«, Sigmaringen 1962, [3]1975.

– ders.: »Vom Rheinfall bis Säckingen und St. Blasien, Kunst- und Geschichtsstätten beiderseits des Hochrheins und im Südschwarzwald«, Sigmaringen 1975.

Tümmers, Horst-Johs: »Der Rhein«, München 1994.

Waibel, J. und Hermann Flamm: »Badisches Sagenbuch. Abt. I: Sagen des Bodensees, des oberen Rheintals und der Waldstädte«, Freiburg 1898.

Walther, K. A. (Hrsg.): »Vom Meer zum Bodensee. Der Hochrhein als Großschiffahrtsweg«, Olten/Freiburg i. Br. 1957.

Weiner, Otto: »Büsingen am Hochrhein«, Büsingen 1938.

Wetzel, Manfred: »Vom Mummelsee zur Weibertreu« (Sagen aus Baden-Württemberg), Stuttgart 1988.

Wild, Albert (Hrsg.): »Am Zürcher Rheine. Taschenbuch für Eglisau und Umgebung«, Band I, Zürich 1883, Band II, Zürich 1884.

Wolf, Johannes Wilhelm: »Deutsche Märchen und Sagen«, Leipzig 1845.

**Karten**

a) Hochrhein und sein nördliches (deutsches) Hinterland:

**Landesvermessungsamt Baden-Württemberg:** Topographische Karten (TK50) (1:50000), Stuttgart. L 8320 Konstanz, L 8318 Singen (Hohentwiel), L 8316 Stühlingen, L 8314 Waldshut-Tiengen, L 8312 Schopfheim und gegebenenfalls noch L 8310 Lörrach.

– **ders./Landesfremdenverkehrsverband Baden-Württemberg** (Hrsg.): »Feste feiern in Baden-Württemberg«, Stuttgart 1989.

**RV (Auto- und) Wanderkarte (1 : 75 000),** Stuttgart. RV 13 »Schwarzwald Südblatt« für die Strecke Schaffhausen bis Basel.

**RV (Rad- und) Wanderkarten (1: 50000),** Stuttgart. RV 11470 »Hegau/Westlicher Bodensee« für die Strecke Konstanz/Bodensee bis Rheinfall/-Rheinau, RV 11686 »Wutachschlucht/Hotzenwald/Klettgau« von Schaffhausen/Rheinfall bis Bad Säckingen/Schwörstadt, RV 11685 »Markgräfler Land« von Murg/Bad Säckingen bis Basel/Neuenburg am Oberrhein.

**Verkehrsamt der Stadt Waldshut-Tiengen** (Hrsg.): Kartenset »33 ausgewählte Radtouren im Landkreis Waldshut« (Schutzgebühr).

– **ders.** (Hrsg.): Wanderkartenset »Die schönsten Wanderungen im Landkreis Waldshut« (Schutzgebühr).

b) Hochrhein und sein südliches (Schweizer) Hinterland:

**Kümmerly + Frey:** Wanderkarten 1:60000, »Schaffhausen. Winterthur« für die Strecke von Stein a.Rh. bis Albbruck/Hauenstein und »Wanderkarte des Jura«, Blatt 1: »Aargau. Basel-Stadt. Basel-Landschaft. Olten« von Zurzach bis Basel.

**Landesvermessungsamt Baden-Württemberg:** Topographische Karten TK 50 (1:50000), Stuttgart: L 8516 Hohentengen am Hochrhein (Norden des Kantons Zürich), L 8514 Laufenburg (nördliches Aargau), L 8512 Bad Säckingen (nördliches Aargau und Baselland) sowie L 8510 Weil am Rhein (Basel und Umgebung).

Anmerkung: Die topographischen Karten der Schweiz (Meßtischblätter 1:50000) decken sich im Hochrheingebiet annähernd mit jenen des Landesvermessungsamtes Baden-Württemberg, sind aber erheblich teurer.

**Schweizerisches Bundesamt für Landestopographie:** Landeskarten der Schweiz 1:100000, Blatt 102 Basel-Luzern (Rheinau bis Basel) und 103 Bodensee (bis Zurzach); 1:50000, Blätter wie SAW-Wanderkarten (s.u.), außerdem Blatt 5010 Seetal-Brugg (Untersee bis Zurzach); 1:25000, Blatt 2505 Basel und Umgebung (Rheinfelden bis Basel) u.a.

**Schweizerisches Bundesamt für Landestopographie/Schweizerische Arbeitsgemeinschaft für Wanderwege** (SAW): SAW-Wanderkarten 1:50000, Blätter 206 Stein am Rhein, 205 Schaffhausen, 215 Baden, 214 Liestal und 213 Basel.